出土文獻與中國古代文明研究叢書　　李學勤　主編

出土文獻與鄭國史新探

程　浩／著

上海古籍出版社

清華大學自主科研計劃資助

國家社科基金重大項目“清華大學藏戰國竹簡的價值挖掘與傳承傳播研究”（20&ZD309）

國家社科基金重大項目“出土簡帛文獻與古書形成問題研究”（19ZDA250）

國家社科基金重大項目“清華簡與儒家經典的形成發展研究”（16ZDA114）

叢 書 前 言

　　"出土文獻"是與"傳世文獻"相對的概念,包括甲骨文、金文、戰國文字、簡牘帛書等。出土文獻的整理研究始於漢代,至今已有兩千多年的歷史了。

　　在這兩千多年裏,出土文獻層見疊出,研究工作不斷走向深入。孔壁中經、汲冢竹書、商周金文、殷墟甲骨……每一次重大的發現,都不同程度地影響到那個時代的學術生態。

　　1925 年,清華研究院的王國維先生在《古史新證》中首倡"二重證據法",他説:"吾輩生於今日,幸於紙上之材料外,更得地下之新材料。由此種材料,我輩固得據以補正紙上之材料,亦得證明古書之某部分全爲實錄,即百家不雅馴之言,亦不無表示一面之事實。此二重證據法,惟在今日始得爲之。"他所謂的"紙上之材料"即傳世文獻,"地下之材料"就是出土文獻。通過出土文獻來印證補正傳世文獻,開闢研究中國古史的新途徑,是王國維"二重證據法"的真諦。"二重證據法"是研究方法上的一次重大革新,對近代學術的影響至爲深遠。

　　2008 年 7 月,清華大學從境外搶救入藏了一批戰國時期的竹簡,總數約 2 500 枚,其中有多種經、史典籍,非常珍貴,其重要性堪與孔壁中經、汲塚竹書相媲美。9 月,清華大學成立了出土文獻研究與保護中心。中心的定位是:通過開展自然科學與人文科學的交叉性和合作性研究,深入探討出土文獻的保護、整理、研究的前沿課題,把中心建設成爲具有世界領先水準的出土文獻研究和保護中心。當前,中心的主要工作是對清華簡進行保護、整理與研究,同時開展其他出土文獻的保護和研究工作。中心自成立以來,已經取得了一系列成果,特別是在清華簡的保護、整理和研究方面所做的工作受到了領導的肯定和學術界及社會各方面的廣泛關注。

2011 年 4 月,在清華百年校慶前夕,中心領銜申報的"出土文獻與中國古代文明研究中心"獲批爲教育部人文社會科學重點研究基地。

2012 年 5 月,爲回應教育部 2011 計劃,中心聯合國内 11 家兄弟單位組織籌建"出土文獻與中國古代文明研究協同創新中心",2013 年 1 月 5 日,正式揭牌成立。

在短短的五年内,清華大學出土文獻研究與保護中心經歷了跨越式的發展,在領導的關懷支持和同人的集體努力下,做出了一些工作成果,然而不足之處仍然是明顯的。我們的學識經驗都很有限,面對任務的要求,時時感到自己存在的缺憾。我們深切期待着各方面的幫助和指教。

不管中心如何發展,我們始終圍繞着"出土文獻與中國古代文明"這個主旋律。

爲了集中展示近年來出土文獻研究的最新成果,推進出土文獻的研究工作,清華大學出土文獻研究與保護中心編輯了這套"出土文獻與中國古代文明研究叢書"。叢書將先推出 20 種,作者包括中心和其他單位人員,都是活躍於一綫的中青年學者,所涉及的出土文獻時間跨度很大,所涉及的學科領域相當寬廣,都有自己獨到的見解,在一定程度上能够反映當今出土文獻研究的主流面貌,相信廣大讀者能從中得到有益的啓示。

這套叢書的編輯,得到了各位作者的積極回應,更有幸得到上海古籍出版社的大力支持,在此表示由衷的謝意。

李學勤

2013 年 10 月

序

　　二十一世紀以來的先秦史研究,得益於學科隊伍的日益壯大以及新出土文獻的不斷涌現,呈現出了蓬勃發展的局面。即便是曾經沉寂一時的諸侯國史領域,近年也有不少重要的成果問世。程浩的新著《出土文獻與鄭國史新探》出版印行,將進一步豐富先秦古國研究的成果,勢必會引起學界的充分關注。該書原是他的博士後出站報告,我作爲他的博士後合作導師,似乎有義務在這裏説幾句話。

　　《出土文獻與鄭國史新探》這部書,最大特點就是很好地踐行了王國維先生所提出的"二重證據法"。利用新出土文獻與傳世史料相互補充印證,重新審視混沌朦朧的早期歷史,可謂中國古史研究的不二法門。實際上,作者之所以選取鄭國作爲研究對象,除了它曾經顯赫一時、在春秋歷史上扮演過重要角色之外,最主要的原因還是清華簡以及金文中大量鄭國史料的發現。程浩長期參加清華簡的整理工作,在出土文獻的解讀方面有着良好的訓練,再加上出色的傳世文獻功底,使得本書在具體問題的考證上皆能淋漓通透、駕輕就熟。諸如第一章對鄭桓公未死於驪山下的考證、對《繫年》"周無王九年"的辨析,第二章論説青銅器銘文中"鄭伯公子子耳"即共叔段等,或發前人未發,或詳前人未詳。而第六章對清華簡新見鄭國人物人名表字的考證,更可謂發微抉隱、新見迭出。其中關於鄭國堵氏的探討,以及將封子楚簠的器主與《繫年》中的鄭國將領子封子進行關聯的看法,都很有説服力。

　　程浩在隨我開展博士後研究工作之前,已經在李學勤先生、謝維揚先生、寧鎮疆教授等先秦史大家的指導下學習古史多年,積累了深厚的歷史學、文獻學基礎。讀者在閱讀這本書時,一定能感受到他在史料甄別、剪裁與擇取等方面的純熟技藝。還有一點需要特別表彰的,就是作者出衆的歷史學想象力。合理的想象與推測,在史料闕如的先秦史研究中必不可少。本書的第一章、第二章對鄭國早期歷史的論述,如果缺少了推論與闡釋的部分,肯定不會如現在這般精彩。而這一特點,其實在程浩的學術研究中是一以貫之的。

　　充分的歷史學訓練,還使得程浩的這本書很好地體現了他本人的宏大視野與理論關懷。最近幾年,以出土文獻爲主要材料基礎的先秦史研究飽受"碎片化"的批評。程浩顯然注意到了這一點,並有意用自己的學術實踐來進行回應。他在這本書的引言中,就明確提出來希望研究不"碎片化"的史學、寫"會通"的歷史。仔細讀這本書,就會發現其中涉及的每一個歷史事件、每一位重要人物,作者都嘗試將其置於長時段的歷史發展脉絡中進行考慮。無論這本書最終有沒有做到走出"碎片化",年輕學者勇於嘗試、敢於擔當總是一件值得鼓勵的好事。

　　讀完這本書後,我還想給作者的文筆點個贊。作者堅持用明快曉暢的語言書寫歷史,擅長把史實考證融入歷史敘事之中,再加上別具匠心的篇章結構與環環緊扣的邏輯推進,竟使得這本嚴肅的學術論著絲毫不嫌枯燥。因此,我很願意把這本雅俗共賞的史學著作以及這位"史才、史學、史識"三長兼具的新銳學者推薦給大家。

廖名春

2021 年 9 月 3 日

目　録

引 言

先秦古國的形成、發展研究是探索中國文明起源的實踐基礎與重要組成部分。

1925 年,王國維先生在清華作了題爲《最近二三十年中中國新發見之學問》的演講,並提出了"古來新學問起,大都由於新發見"的經典論斷。[①] 此後的近百年間,隨著大量出土文字資料的不斷發現,我們關於古史的許多認識得到了大幅度的更新。新材料的井噴式出現,當然是古史研究進一步深化與細化的重要基礎條件,但同時也爲相關研究者帶來了巨大的考驗。面對著應接不暇的新出土文獻,學者往往將注意力集中在對新材料本身的解讀。而長期著眼於具體問題的考證而忽略了歷史全局,使目前的先秦史研究不可避免地呈現出了"碎片化"的趨向。[②]

整體關懷的匱乏,體現在先秦史領域的一個最直觀的現象就是具有系統性、總結性的斷代史與諸侯國史研究的缺失。童書業先生的《春秋史》與楊寬先生的《戰國史》,問世已逾半個世紀,至今仍無新著可以替代。楊寬先生與許倬云先生的兩部《西周史》,也已幾十年未獲學界更新。至於同爲斷代史的"商代史",則長期屬於空白的領域,直至近年才得到填補。近年出土的文字材料中以戰國簡帛最受矚目,而與之密切相

---

① 王國維:《最近二三十年中中國新發見之學問》,《王國維遺書》第 5 册《靜庵文集續編》,上海:上海古籍書店,1983 年,第 65 頁。

② 《史學月刊》2011 年第 8 期編發了一組名爲"三十年先秦史研究的理論反思"的筆談,沈長云、劉澤華、晁福林、王和、趙世超等五位先生分別撰文對先秦史研究中的理論弱化現象與"碎片化"趨向進行了反思。實際上,所謂的"碎片化"不啻出土文獻領域有之。在年鑒學派與新史學成爲中國史學界的主流思潮之後,整個歷史學界的"碎片化"問題便接踵而至。

關的春秋戰國諸侯國史的研究卻鮮有人問津。二十世紀八九十年代,在沒有新出簡帛的情況下,尚有李玉潔先生《楚史稿》①、李孟存先生《晉國史綱要》②、王閣森先生《齊國史》③、郭克煜先生《魯國史》④、沈長云先生《趙國史稿》⑤等一系列著作問世。現在我們坐守著郭店簡、上博簡以及清華簡等珍貴史料,反而使諸侯國史的系統研究陷入了沉寂⑥,這種現象值得深思。

實際上,近年來大量涌現的甲骨、金文與簡帛資料,早就構成了重新認識相關斷代與國別史的充分條件。新材料之所以没能帶動新的斷代與國別史的研究,一方面是因爲相關出土文獻仍處在研究的第一階段——材料解讀階段,另一方面則是由於史學界"究天人之際,通古今之變"的"會通"意識的缺失。筆者有幸在清華大學學習古史,朝夕聆聽王國維先生遺訓,所服務的出土文獻研究與保護中心,多年來也一直在呼籲基於出土文獻進行中國古史的重建。在新材料不斷被發現與相關研究陷入"碎片化"的背景下,我們有條件也有責任選取宏觀視角、運用多元史料,對重要歷史問題進行貫通性的梳理,並嘗試探索出土文獻研究中宏觀意識與微觀問題相結合的可能性。

本書之所以選擇鄭國作爲利用出土文獻系統研究先秦古國的試驗對象,是出於兩方面的考慮。

首先,是由於鄭國在春秋歷史中的獨特地位。在兩周之際東遷立國的鄭國,與東周王室一起居於天下之中。雖然子産有鄭國"國小而逼"⑦之謂,但不可否認的是,憑借著助平王東遷的功績,鄭國在春秋前期有著"縱橫一時,幾於霸主"⑧的地位。春秋中期之後,鄭國的國力雖有下降,

① 李玉潔:《楚史稿》,開封:河南大學出版社,1988年。
② 李孟存、常金倉:《晉國史綱要》,太原:山西人民出版社,1989年。
③ 王閣森、唐致卿主編:《齊國史》,濟南:山東人民出版社,1992年。
④ 郭克煜:《魯國史》,北京:人民出版社,1994年。
⑤ 沈長云等:《趙國史稿》,北京:中華書局,2000年。
⑥ 據筆者所見,目前只有李玉潔教授仍在堅持中原諸侯國史的系列研究,並已出版《楚國史》《齊國史》《魏國史》等著作。
⑦ 《春秋左傳正義》卷40,《十三經注疏》,北京:中華書局,1980年,第2013頁。
⑧ 童書業:《春秋左傳研究》,北京:中華書局,2006年,第313頁。

但仍保持著較高的政治、軍事地位,是大國争霸中争相拉攏的對象。即便到了戰國前期被韓國吞並之前,鄭國仍有與楚、三晉等大國抗衡的一戰之力。

縱觀鄭國四百余年的政治發展歷程,可以説它是整個春秋時代社會歷史變革的一個縮影。顧棟高《春秋大事表》總結春秋十二公的局勢與變革時説:

> 《春秋》二百四十二年,時勢凡三大變。隱、桓、莊、閔之世,伯事未興,諸侯無統,會盟無信,征伐屢興,戎、狄、荆楚交熾,賴齊桓出而後定,此世道之一變也。
>
> 僖、文、宣、成之世,齊伯息而宋不競,荆楚復熾,賴晉文出而復定,襄、靈、成、景嗣其成業,與楚迭勝迭負,此世道之又一大變也。
>
> 襄、昭、定、哀之世,晉悼再伯,幾軼桓、文,然實開大夫執政之漸,嗣後晉六卿、齊陳氏、魯三家、宋華向、衛孔寧交政,中國政出大夫,而《春秋》遂夷爲戰國矣。孔子謂自諸侯出,自大夫出,陪臣執國命,實一部《春秋》之發凡起例。①

如果我們依照顧氏的"三大變"進行對照,會發現鄭國在這場變革中幾乎從未缺席。隱、桓、莊、閔之世的"伯事未興,諸侯無統",鄭有武公"正東方之諸侯"以及莊公小霸的嘗試;僖、文、宣、成之世的"晉與楚迭勝迭負",鄭國夾居兩國之間,首鼠兩端,與其來者;襄、昭、定、哀之世的"中國政出大夫",鄭國有"七穆"執國政。由此可見,鄭國的興衰變革與春秋時期的整體歷史趨勢緊密相關,稱得上是我們分析當時社會發展規律的絶佳樣本。

再者,是有關鄭國的新材料不斷發現的推動。清華簡中藴含著大量的經史類文獻,而隨著材料公布得越來越多,學界越發認識到這批文獻與

---

① 顧棟高:《春秋大事表》,北京:中華書局,1993 年,第33頁。

鄭國的密切關係。這其中的《鄭武夫人規孺子》、《鄭文公問太伯》與《子產》等篇,直接記述鄭國史事。《良臣》所記以鄭國最爲詳盡,其師傅或與鄭人有關。《繫年》雖以晉、楚爲主,但對鄭國歷史亦多有揭示。除此之外,像上博簡的《鄭子家喪》等篇,也有涉及鄭國的部分,可以作爲相關研究的參證。

近年在鄭國故地相繼涌現的青銅器銘文,也爲鄭國史研究的深入開展提供了寶貴的資料。雖然我們目前還沒有找到鄭國公室的墓地,但像新鄭李家樓、洛陽玻璃廠、登封告城鎮以及鄭國域外的襄陽團山等地發現的長篇銘文,都爲我們提供了諸多重要的歷史信息。另外諸如鄭韓故城等重要遺址以及新鄭郜樓兩周墓地的發現①,也可作爲該研究的材料基礎。

就像我們在前文所強調的一樣,研究"會通"的歷史,絕不能單純依靠支離破碎的出土文獻。出土文獻、考古實物資料與傳世文獻共同構成的多維度史料和更加開闊的視野,才是系統研究先秦古國的必要條件。值得慶幸的是,鄭國雖不是春秋的一等大國,但《左傳》等史書對鄭國的記載卻尤爲詳盡。王和先生就曾評價《左傳》中的鄭國史料:

> 實際左氏取自鄭史官記事的材料,於諸國中乃爲最全最多。《左傳》記鄭事多爲《春秋》所不載,且自魯隱公至哀公,時間皆極爲清楚具體。以魯隱公時期爲例,如隱公元年鄭莊公克段,三年周鄭交惡,五年鄭人侵陳,七年鄭宋之盟,八年鄭公子忽如陳逆婦、鄭伯朝王,九年鄭大敗戎師,十年鄭取宋、衛、蔡三師、鄭伯入宋,十一年鄭伯伐許、宋,時間皆極爲清楚具體。此後直至魯哀公十二年,《左傳》記鄭事無不如此。②

這種情況在以資料匱乏著稱的先秦史領域,可謂難能可貴。此外,《國

① 河南省文物考古研究院:《新鄭郜樓兩周墓地》,上海:上海古籍出版社,2020年。
② 王和:《〈左傳〉的成書年代與編纂過程》,《中國史研究》2003年第4期。

語》的《鄭語》、《詩經》的《鄭風》、《史記》的《鄭世家》以及諸子書中關於鄭國的記載，也都是我們研究鄭國史不可忽視的重要材料。

基於這樣的有利條件，學者們已經作出了許多探索鄭國歷史的有益嘗試。如晁福林先生《論鄭國的政治發展及其歷史特徵》①與李玉潔先生《鄭國的都城與疆域》②兩篇文章，利用傳世史料探索了鄭國的政治發展與都城疆域等問題。李峰先生《西周金文中的鄭地和鄭國東遷》③、李學勤先生《由〈繫年〉第二章論鄭國初年史事》④、代生先生《清華簡〈繫年〉所見鄭國史初探》與《清華簡（六）鄭國史類文獻初探》⑤、馬楠先生《〈鄭文公問太伯〉與鄭國早期史事》⑥、白國紅先生《〈春秋〉"鄭伯克段於鄢"史事新論——以共叔段爲中心的考察》與《鄭國東遷肇始時間考》⑦等文章，則結合新出土文獻重新審視了一些有關鄭國的重大歷史問題。這些單篇的論文，雖然都在個別問題上取得了較大突破，但囿於篇幅的限制，對問題的分析卻顯得不夠系統。

蘇勇先生於2010年撰成的博士學位論文《周代鄭國史研究》⑧，雖然對鄭國歷史進行了貫通式的研究，但彼時尚未得見清華簡的材料，不得不說是巨大的缺憾。白星飛先生《出土文獻鄭國史料集釋》⑨一書，在史料輯證方面多有創獲，於歷史問題則闡發不多。鄭國史研究領域最系統也是最新的成果是2020年初出版的吳愛琴先生《鄭國史》⑩一書。該書運用傳世史料與考古發現，對鄭國歷史的發展進行了系統敘述，在很多問題

---

① 晁福林：《論鄭國的政治發展及其歷史特徵》，《南都學壇（社會科學版）》1992年第3期。
② 李玉潔：《鄭國的都城與疆域》，《中州學刊》2005年第6期。
③ 李峰：《西周金文中的鄭地和鄭國東遷》，《文物》2006年第9期。
④ 李學勤：《由〈繫年〉第二章論鄭國初年史事》，《湖南大學學報（社會科學版）》2014年第4期。
⑤ 代生、張少筠：《清華簡〈繫年〉所見鄭國史初探》，《中南大學學報（社會科學版）》2015年第3期；代生：《清華簡（六）鄭國史類文獻初探》，《濟南大學學報（社會科學版）》2018年第1期。
⑥ 馬楠：《〈鄭文公問太伯〉與鄭國早期史事》，《文物》2016年第2期。
⑦ 白國紅：《〈春秋〉"鄭伯克段於鄢"史事新論——以共叔段爲中心的考察》，《歷史教學（下半月刊）》2020年第2期；白國紅：《鄭國東遷肇始時間考》，《中原文化研究》2020年第4期。
⑧ 蘇勇：《周代鄭國史研究》，博士學位論文，吉林大學古籍研究所，2010年。
⑨ 白星飛：《出土文獻鄭國史料集釋》，新北：花木蘭文化事業有限公司，2018年。
⑩ 吳愛琴：《鄭國史》，北京：科學出版社，2020年。

上有重要推進。但是非常可惜的是,或許由於清華簡的新材料公布時該書業已完稿,其中的相關論述也没有注意到清華簡所提供的新認識。

在今時今日重新開展鄭國史的研究,首先需要秉承出土文獻與傳世文獻並重的原則,再者就是盡量做到以整體眼光分析具體問題,並將鄭國歷史的發展納入春秋戰國社會變遷的全局進行考慮。當然,必須承認的是,由於傳世文獻與新材料都不能完全覆蓋鄭國的四百年歷史,本書的研究亦是擇取了鄭國發展的幾個重要階段、重大事件開展論述。此外,由於早期史學傳統本身的局限,無論是出土文獻還是傳世史料所載,均以對王侯將相、國家興亡的描寫爲主,本書據之開展的研究,也便難免落入政治史的窠臼。正因由此,本書所強調的也僅限於新史料帶來的新認識,更完整、更全面的鄭國歷史,尚待更多的新材料去揭示。

第一章
從"逃死"到"扞艱"：
兩周之際的東遷立國

　　發源於宣王時期的鄭國，借助著西周末年的動蕩格局迅速崛起，在兩周之際以及春秋前期的歷史中扮演了舉足輕重的角色。然而兩周之際史籍的缺載，使得學界對鄭國早期歷史的了解長期晦暗不明。傳世史料中，《左傳》載鄭國事始自莊公，《史記·鄭世家》述桓公、武公僅抄撮《國語》寥寥數語。《國語》《竹書紀年》中雖有相關記載，或語焉不詳，或相互抵牾，使用起來也十分困難。

　　值得慶幸的是，清華簡中相關史料的發現，爲我們重新審視兩周之際的鄭國提供了新契機。已經引起學界廣泛關注的史書《繫年》篇，在第二章對西周滅亡、攜王奸命以及平王東遷等兩周之際的重要史事進行了敘述①，並詳細羅列了鄭國從武公到厲公的世系②。而第六册整理報告收錄的《鄭武夫人規孺子》與《鄭文公問太伯》兩篇，更是對鄭國公室貴族間對話的記錄③。《鄭武夫人規孺子》記載了武公夫人武姜對新君莊公的規誡，其中對先君武公的事跡多有提及④。《鄭文公問太伯》的内容則是鄭

① 清華大學出土文獻研究與保護中心編，李學勤主編：《清華大學藏戰國竹簡（貳）》，上海：中西書局，2011年，第138頁。爲方便討論，下引《繫年》皆采寬式隸定，並不再出注。
② 李學勤先生已經利用此條史料對鄭國初年史事進行了初步探討，參見李學勤：《由〈繫年〉第二章論鄭國初年史事》，《湖南大學學報（社會科學版）》2014年第4期。
③ 清華大學出土文獻研究與保護中心編，李學勤主編：《清華大學藏戰國竹簡（陸）》，上海：中西書局，2016年。爲方便討論，下引此二篇皆采寬式隸定，並不再出注。
④ 相關介紹見李學勤：《有關春秋史事的清華簡五種綜述》，《文物》2016年第2期。

文公與當國大臣太伯之間的問對,該篇不僅對桓公、武公、莊公、昭公、厲公等五位鄭國先公篳路藍縷、開疆拓土的赫赫功業進行了追述,還詳細記載了鄭國東遷與發展的具體過程,可以視作研究鄭國早期歷史的直接史料①。

在本章中,我們將借助清華簡中有關鄭國的新史料,對鄭國早期的東遷與發展等史事進行考察,試圖揭示鄭國在兩周之際的亂局中所處的地位與起到的作用,並希望能夠對這一時期王朝與諸侯國關係的認識有所推動。

第一節　逃死:幽王之難與桓公東徙

與魯、衛、晉、齊等周初封建的諸侯國相比,鄭國的始封顯然要晚得多。《鄭世家》云:“鄭桓公友者,周厲王少子而宣王庶弟也。宣王立二十二年,友初封於鄭。”②鄭國的始封君桓公是厲王子③,到了宣王在位中期才受封畿內采邑——鄭。桓公初封的鄭地當然不是後來濟、洛、河、潁之間的鄭,《漢書·地理志》云其爲漢代京兆鄭縣④,即今陝西華縣。另外《世本》有“鄭桓公居棫林,徙拾”⑤的記載,《左傳》襄公十四年載諸侯之師伐秦過棫林,此棫林在涇水之西,或即在京兆鄭縣附近⑥。

---

① 馬楠先生已對該篇進行了介紹與研究,見馬楠:《〈鄭文公問太伯〉與鄭國早期史事》,《文物》2016 年第 2 期。劉光先生也撰文對相關問題進行了研究,見劉光:《清華簡〈鄭文公問太伯〉所見鄭國初年史事研究》,《山西檔案》2016 年第 6 期。最近,白國紅先生又集合此篇對鄭國的東遷問題進行了系統探討,有興趣的讀者可參看白國紅:《鄭國東遷肇始時間考》,《中原文化研究》2020 年第 4 期。
② 桓公爲厲王庶子尚有《世本》、《左傳》、《史記》諸書爲證。清人雷學淇與今人陳槃皆主張桓公爲宣王之子,然無確據。張以仁《鄭桓公非厲王之子說述辨》一文辯之甚詳,可以參看。(張以仁:《鄭桓公非厲王之子說述辨》,《春秋史論集》,臺北:聯經出版事業公司,1990 年,第 365—409 頁。)
③ 《史記》卷 42《鄭世家》,北京:中華書局,1959 年,第 1757 頁。
④ 《漢書》卷 28《地理志》,北京:中華書局,1962 年,第 1544 頁。
⑤ 《史記》卷 42《鄭世家》,第 1758 頁。
⑥ 參見李學勤:《論西周鄭的地望》,《夏商周年代劄記》,瀋陽:遼寧大學出版社,1999 年,第 40—47 頁。

《鄭世家》載鄭桓公"封三十三歲，百姓皆便愛之，幽王以爲司徒"①，《國語·鄭語》也説："幽王八年而桓公爲司徒。"②幽王八年，鄭桓公由畿内采邑的封君轉任王朝卿士。而正是從這一年開始，幽王治下的西周王朝動蕩加劇，出現了大廈將傾之勢。衆所周知，西周之亡緣於幽王改立褒姒之子伯盤爲太子。《國語·晉語》載史蘇云："周幽王伐有褒，有褒人以褒姒女焉，褒姒有寵，生伯服，於是乎與虢石甫比，逐太子宜臼而立伯服。太子出奔申，申人、鄫人召西戎以伐周。周於是乎亡。"③《竹書紀年》云："平王奔西申，而立伯盤以爲太子，與幽王俱死於戲"，並明確了伯盤之立是在"幽王八年"④。對於此事記載最爲詳盡的是清華簡《繫年》第二章，其云：

> 周幽王取妻于西申，生平王。王又取褒人之女，是褒姒，生伯盤。褒姒嬖于王，王與伯盤逐平王，平王走西申。幽王起師，圍平王于西申，申人弗畀，鄫人乃降西戎，以攻幽王，幽王及伯盤乃滅，周乃亡。

《繫年》公布之後，學界對這段史料開展了充分的討論⑤，平王奔西申以及聯合申、鄫、西戎弒父亡周的過程也已經基本明晰。

《國語·鄭語》在全篇之末對幽王之難進行了簡要總結，其云："幽王八年而桓公爲司徒，九年而王室始騷，十一年而斃。"⑥從幽王八年被任命爲司徒，到十一年幽王戰死西周滅亡，桓公出仕的短短四年時間裏，並没有對"治多邪"的周王朝進行太多改變，更多的則是營謀爲己身。《國語·鄭語》記載了桓公爲司徒後與史伯的問對，與本書論述多有相關，兹録其文於下：

---

① 《史記》卷42《鄭世家》，第1757頁。
② 徐元誥：《國語集解》，北京：中華書局，2002年，第477頁。
③ 徐元誥：《國語集解》，第250—251頁。
④ 方詩銘、王修齡：《古本竹書紀年輯證》，上海：上海古籍出版社，2005年，第62—63頁。
⑤ 參見徐少華：《"平王走(奔)西申"及相關史地考論》，《歷史研究》2015年第2期。
⑥ 徐元誥：《國語集解》，第477頁。

桓公爲司徒,甚得周衆與東土之人,問於史伯曰:"王室多故,余懼及焉,其何所可以逃死?"史伯對曰:"王室將卑,戎、狄必昌,不可偪也。當成周者,南有荆蠻、申、呂、應、鄧、陳、蔡、隨、唐;北有衛、燕、狄、鮮虞、潞、洛、泉、徐、蒲;西有虞、虢、晉、隗、霍、楊、魏、芮;東有齊、魯、曹、宋、滕、薛、鄒、莒;是非王之支子母弟甥舅也,則皆蠻、荆、戎、狄之人也。非親則頑,不可入也。其濟、洛、河、潁之間乎! 是其子男之國,虢、鄶爲大,虢叔恃勢,鄶仲恃險,是皆有驕侈怠慢之心,而加之以貪冒。君若以周難之故,寄孥與賄焉,不敢不許。周亂而弊,是驕而貪,必將背君,君若以成周之衆,奉辭伐罪,無不克矣。若克二邑,鄔、弊、補、舟、依、䣙、歷、莘,君之土也。若前華後河,右洛左濟,主芣、騩而食溱、洧,修典刑以守之,是可以少固。"……公説,乃東寄帑與賄,虢、鄶受之,十邑皆有寄地。①

身爲王朝司徒的桓公,雖然深感此時"王室多故",但所思並非如何挽回頹勢,而是何所可以"逃死"。根據史伯的分析,成周四面"非親則頑",不適宜建立根據地,而"濟、洛、河、潁之間"的廣大地區則統治薄弱,桓公應當審勢圖之。然而初封在關中王畿的鄭,爲什麽首先考慮的遷徙地是成周地區呢? 除了西方"申、繒、西戎方强,王室方騷"②等客觀因素外,最主要的原因還是鄭桓公作爲王朝司徒有著執掌成周軍隊的便利。司徒作爲周代"三有司"之一,不僅要管理土地、民衆、農事,還有統率軍隊作戰之責③。而且王朝司徒一般常駐成周,並控制著周王朝在東方的重要軍事力量成周八師④。西周中晚期青銅器𧽼壺有銘:"更乃祖考作塚司土於成周八師"⑤,所反映的就是這種情況。正是由於鄭桓公手握成周八師,因而

① 徐元誥:《國語集解》,第470—476頁。
② 徐元誥:《國語集解》,第475頁。
③ 參見張亞初、劉雨:《西周金文官制研究》,北京:中華書局,1986年,第8—9頁。
④ 晁福林:《論鄭國的政治發展及其歷史特徵》,《南都學壇(社會科學版)》1992年第3期。
⑤ 中國社會科學院考古研究所編:《殷周金文集成》(修訂增補本),北京:中華書局,2007年,第09728號。

史伯敢於斷言虢、鄶背桓公之後,"君若以成周之衆,奉辭伐罪,無不克矣"。

在史伯的謀劃中,東遷濟、洛、河、潁,取虢、鄶之地需要分爲兩個步驟進行:第一步是利用虢叔、鄶仲的貪冒,以周難役爲由"寄孥與賄";第二步則是待虢、鄶背約後興師討伐,盡取其地。但是在《鄭語》中,只有完成第一步的相關記載,即"公說,乃東寄帑與賄,虢、鄶受之,十邑皆有寄地。"至於桓公執行第一步計劃的時間,按照《鄭世家》的說法是在"爲司徒一歲"①之時,也就是幽王九年。

由於《國語》並没有明文記載,後世對鄭桓公是否完成了滅虢、鄶的第二步方略產生了分歧。認爲桓公取虢、鄶的學者,主要依據的是《竹書紀年》的記載:

> 幽王既敗,二年而滅會,四年而滅虢,居於鄭父之丘,是以爲鄭桓公。(《漢書·地理志》注引臣瓚)②

此條明確指出了滅虢、鄶的是爲鄭桓公,時間分別是在幽王死後的第二年和第四年③。此外,《韓非子·內儲說下》中也提到:"桓公襲鄶,遂取之。"④主張武公滅虢、鄶完成東徙的說法則出現較晚,如《漢書·地理志》、《國語》注等,都是漢代以後才有的。實際上,歷代學者對桓公親滅虢、鄶的懷疑,主要原因在於《鄭世家》說幽王十一年桓公便已經死了。正如鄭玄在《詩譜》中所說:"幽王爲犬戎所殺,桓公死之。其子武公與晉文侯定平王於東都王城,卒取史伯所云十邑之地。"⑤鄭玄之後,酈道元、顔師古、孔穎達、雷學淇等皆主此說。如果桓公與幽王同死,自然不能在

① 《史記》卷42《鄭世家》,第1757頁。
② 方詩銘、王修齡:《古本竹書紀年輯證》,第71頁。
③ 此條亦見引於《水經·洧水注》,其文云:"晉文侯二年,同惠王子多父伐鄶,克之。乃居鄭父之丘,名之曰鄭,是曰桓公。"將此事放在晉文侯二年,也就是幽王三年,其時桓公尚未就任司徒,顯然是不妥當的。按《水經注》引此條文句多有錯訛,如"周"訛爲"同","宣"誤爲"惠",所謂"晉文侯二年"恐亦不足信。
④ 王先慎:《韓非子集解》,北京:中華書局,1998年,第259頁。
⑤ 《毛詩正義》卷4,《十三經注疏》,北京:中華書局,1980年影印本,第335頁。

幽王敗後"二年而滅會,四年而滅虢"。因而兩種學説雖然交鋒了千余年,但没有一家能够取勝,時至今日依然争論不休①。

　　隨著清華簡中新史料的發現,這個長期縈繞著鄭國史研究的關鍵問題終於有了解決的可能。在《鄭文公問太伯》篇中,太伯追述先公的事跡,首推開國之君桓公,其云:

　　　昔吾先君桓公,後出自周,以車七乘,徒三十人,鼓其腹心,奮其股肱,以協於庸偶,攝冑擐甲,擐戈盾以造勲。戰於魚麗,吾乃獲函、訾,復車襲介,克鄶逃逃,如容社稷之處,亦吾先君之力也。

簡文敘述桓公東征啓疆的過程頗爲詳盡,填補了傳世文獻對這段歷史記載的空白。其中的桓公"後出自周"之謂,"後出"乃是與《鄭世家》"友初封於鄭"的"初封"對言。清華簡《良臣》記有鄭桓公事,云:"鄭桓公與周之遺老:史伯、宧仲、虢叔、杜伯,後出邦。"②《良臣》所舉的史伯等周之遺老,便是隨桓公後出邦的"徒三十人"的重要組成部分。《左傳》昭公十六年載子産語:"昔吾先君桓公與商人皆出自周"③,言明了桓公從宗周的初封地遷徙到中原腹地時還曾與商人同行。簡文講桓公率領"車七乘,徒三十人",以魚麗之陣戰,先獲函(在今河南新鄭)、訾(在今河南鞏義)二地,又奔襲鄶國,開疆拓土,取得了立國的根基。這實際上就是史伯爲桓公謀劃的第二步方略,即以武力征服濟、洛、河、潁間的虢、鄶等地。明晰了這一歷史過程後,便可知《世本》所言"鄭桓公居棫林,徙拾"講的也是桓公東徙之事,只不過將從"會"的"鄶"字混爲了從"合"的"拾"而已④。

　　文公之時距桓公相去不遠,太伯又是鄭國當國大夫,鄭人自述滅鄶乃桓公親爲,當屬可信。那么歷代學者對於桓公死於驪山,無暇東征的懷疑

---

① 相關討論詳見張以仁:《鄭國滅鄶資料檢討》,《春秋史論集》,第205—247頁。
② 清華大學出土文獻研究與保護中心編,李學勤主編:《清華大學藏戰國竹簡(叁)》,上海:中西書局,2012年,第157頁。
③ 《春秋左傳正義》卷47,《十三經注疏》,第2080頁。
④ 此爲馬楠先生指出,見馬楠:《〈鄭文公問太伯〉與鄭國早期史事》,《文物》2016年第2期。

應當如何解釋呢？馬楠先生認爲此事發生在周幽王八年至十一年之間①，這種説法實際上是混淆了史伯先寄賄再攻伐的“兩步走”方略，而且與上引《紀年》云桓公滅鄶事在幽王敗後有明顯沖突。比較融通的解釋是，桓公在幽王驪山之難時可能並没有死。桓公死於驪山之説，出自《鄭世家》，其云：“犬戎殺幽王於驪山下，並殺桓公。”②然而《史記》於兩周之際史事的記載多有可疑，司馬遷的這種講法並不一定有確據，很可能是出自他的錯誤理解。我們知道，《鄭世家》記桓公事皆本自《國語·鄭語》，而《鄭語》未嘗言桓公死事，只是在篇末講“幽王八年而桓公爲司徒，九年而王室始騷，十一年而斃”。我們在上文中已經指出，這句話實際上是對幽王之難的簡要總結，主要是爲了證明史伯的話得到了應驗。這裏的“十一年而斃”主語自然是幽王，並非司馬遷所理解的桓公。沈長云先生曾遍查古籍，找出了三條桓公未死幽王之難的明證，並指出從後來鄭武公擁立與幽王勢不兩立的平王來看，桓公也不太可能爲幽王殉死③。考慮到桓公作爲司徒常駐成周，有衛戍東都之責，他甚至可能根本没有參與到幽王圍迫西申的軍事行動中去。

　　既然桓公並未死於驪山，那么《竹書紀年》的記載就不存在任何疑問了。如果我們將這條材料與《鄭語》以及《鄭文公問太伯》的記載合觀，可以基本復原西周末年桓公帶領鄭國東遷“逃死”的過程與路線：幽王八年，幽王逐太子於西申，改立褒姒之子伯盤，同時啓用在宗周封地頗有聲望的桓公爲司徒。桓公就任後常駐成周，並掌管成周八師。桓公有感於周室危亂，向史伯請教逃死之策，史伯爲桓公制定了對虢、鄶先“寄帑與賄”再“奉辭伐罪”的戰略。幽王九年，桓公以避難爲由請於虢叔、鄶仲，東徙其民於雒東，完成了遷國的第一步。十一年，幽王伐西申，遭到申人的反擊，死於驪山之下。此後虢、鄶見“周亂而斃”，違背與桓公之約，桓公以成周之衆討伐。幽王死後的第二年，桓公取函、訾，克鄶，第四年又滅

---

① 馬楠：《〈鄭文公問太伯〉與鄭國早期史事》，《文物》2016年第2期。
② 《史記》卷42《鄭世家》，第1759頁。
③ 沈長云：《鄭桓公未死幽王之難考》，《文史》第43輯，北京：中華書局，1997年，第244—247頁。

掉了虢,奠定了鄭在東方立國的基礎。

如果以上分析基本可信的話,我們可以發現鄭桓公在西周王朝風雨飄搖的這幾年裏並沒有毀家紓難,而是利用擔任王朝司徒的便利,將自己的家室遷徙到相對安定的東方,開啓了新的基業。由於舊說以爲桓公爲幽王殉死,因而桓公向有賢名。《漢書·古今人表》將其列在“中中”①,於兩周之際已是殊爲難得。明代季本著《春秋私考》云:“則桓公賢君也,豈其懷二心而先謀自利邪?”②從桓公在幽王八年以後的作爲來看,其不僅僅是“先謀自利”,幾乎可以算得上“全謀私利”。

實際上,如果我們把鄭桓公棄君東徙的行爲放在整個兩周之際的大背景下來看,他的這種做法似乎也無可厚非。因爲幽王在位時期“王室多故”,“諸侯或畔之”,周代的王權觀念在此時也發生了劇烈變化③。貴族公卿對周王室失去了信任,紛紛開始“逃死”以自保。比如先於桓公擔任司徒的貴族皇父,按照《詩經·十月之交》的說法,既“作都於向”,並且“不憖遺一老,俾守我王,擇有車馬,以居徂向”④,基本上是舉家遷徙。“向”地一般認爲在洛邑之北(今河南濟源)⑤,距鄭桓公所徙之地不遠,可見當時的貴族甚至連選擇“逃死”的目的地都是很有默契的。對於王公貴族棄君逃死的行徑,時人曾作詩以刺之。上博簡《孔子詩論》云“《雨無正》、《節南山》皆言上之哀也,王公恥之”⑥,說的就是這種情況。《雨無正》有“三事大夫,莫肯夙夜,邦君諸侯,莫肯朝夕”⑦,《節南山》有“赫赫師尹,民具爾瞻,憂心如惔,不敢戲談,國既卒斬,何用不監”⑧,都是對邦君諸正不恤王家的尖銳批評。然而即便如此,公侯貴族也並不會爲之所

---

① 《漢書》卷20《古今人表》,第900頁。
② 季本:《春秋私考》卷1,中國國家圖書館編:《原國立北平圖書館甲庫善本叢書》第25册,北京:國家圖書館出版社,2013年,第14頁。
③ 詳見晁福林:《論平王東遷》,《歷史研究》1991年第6期。
④ 《毛詩正義》卷12,《十三經注疏》,第445—446頁。
⑤ 參見江永:《春秋地理考實》卷2,賈貴榮、宋志英輯:《春秋戰國史研究文獻叢刊》第4册,北京:國家圖書館出版社,2009年,第85頁。
⑥ 馬承源主編:《上海博物館藏戰國楚竹書(一)》,上海:上海古籍出版社,2001年,第136頁。
⑦ 《毛詩正義》卷12,《十三經注疏》,第447頁。
⑧ 《毛詩正義》卷12,《十三經注疏》,第440頁。

動,兩周之際"大道既隱,天下爲家"①的歷史趨勢終究是無法回轉的了。

第二節　生聚：周無王九年與鄭國 在洛東的經營

　　仔細品讀《紀年》中的"幽王既敗,二年而滅會,四年而滅虢"這句話,我們可以發現《竹書紀年》的作者並没有對鄭國滅鄶、虢的時間進行明確紀年。如果按照傳統的説法,幽王死後進入東周,那么鄶、虢之滅分别在平王二年與四年,已經是平王東遷之後的事了。實際上,《史記》所謂幽王死後平王即位並隨即東遷,可能又是司馬遷的一次誤記。綜合其他史料的記載來看,幽王死於驪山之後的很長一段時期内,當時的政治局勢遠比這種記述要複雜得多。

　　《左傳》昭公二十六年載王子朝之誥：

　　　　至於幽王,天不吊周,王昏不若,用愆厥位。攜王奸命,諸侯替
　　　　之,而建王嗣,用遷郟鄏。②

王子朝回顧周代建國以來的亂象,在幽王失位與平王遷郟鄏之間,提到了"攜王奸命"這一歷史事件。孔穎達《正義》爲了疏解此事,引及《竹書紀年》,其云：

　　　　平王奔西申,而立伯盤以爲大子,與幽王俱死於戲。先是,申侯、
　　　　魯侯及許文公立平王於申。以本大子,故稱天王。幽王既死,而虢公
　　　　翰又立王子余臣於攜。周二王並立。二十一年,攜王爲晉文公所殺。
　　　　以本非適,故稱攜王。③

---

① 《禮記正義》卷21,《十三經注疏》,第1414頁。
② 《春秋左傳正義》卷52,《十三經注疏》,第2114頁。
③ 《春秋左傳正義》卷52,《十三經注疏》,第2114頁。

《紀年》對此事的記載頗爲詳盡,從中我們可以清楚地得知,幽王死後虢公翰曾擁立王子余臣爲攜王,與後來的平王“二王並立”①。而且從“二十一年”攜王才被晉文侯②所殺來看,平王被迎立於宗周之事不太可能發生在幽王死難之年,中間應該經歷了一定的過程。正因如此,許多學者對兩周之交以及平王東遷的年代進行了重新考訂。如晁福林先生認爲平王東遷是在晉文侯二十一年(前760年)攜王被殺之後③,而王雷生先生則將其推後到了平王死後的第二十四年(前747年)④。

　　清華簡《繫年》公布之後,其中第二章關於“二王並立”的記載旋即引起了極大的關注。其文云:

　　　　邦君諸正乃立幽王之弟余臣于虢,是攜惠王。立廿又一年,晉文侯仇乃殺惠王于虢。

　　　　周亡王九年,邦君諸侯焉始不朝于周。晉文侯乃逆平王于少鄂,立之于京師。三年,乃東徙,止于成周。

學界對此中所涉年代的研究可謂層出不窮,然而由於各家對簡文的理解不同,對此事的看法也便言人人殊。

　　與傳統的公元前770年平王即位懸殊最大的說法是,幽王死後先經過了二十一年攜王的統治,之後又出現了九年的“周亡(無)王”時期,晉文侯立平王已經是三十年以後,也就是公元前740年⑤。這種說法雖然看

---

① 關於《竹書紀年》中“二王並立”一事的討論,可參童書業:《春秋左傳研究》,北京:中華書局,2006年,第38頁;徐中舒:《先秦史論稿》,成都:巴蜀書社,1992年,第184—185頁;晁福林:《論平王東遷》,《歷史研究》1991年第6期;邵炳軍:《兩周之際三次“二王並立”史實索隱》,《社會科學戰線》2001年第2期。
② 孔穎達引《竹書紀年》誤作“晉文公”,可據別本正謬。
③ 晁福林:《論平王東遷》,《歷史研究》1991年第6期。
④ 王雷生:《平王東遷年代新探》,《人文雜志》1997年第3期。
⑤ 主張此說的主要有劉國忠、王暉以及程平山等先生。參見劉國忠:《從清華簡〈繫年〉看周平王東遷的相關史實》,陳致主編:《簡帛·經典·古史》,上海:上海古籍出版社,2013年,第173—179頁;王暉:《春秋早期周王室王位世系變局考異》,《人文雜志》2013年第5期;程平山:《秦襄公、文公年代事跡考》,《歷史研究》2013年第5期。

起來最符合《繫年》文意，然而也有著明顯的缺陷，正如首倡此説的劉國忠先生所言："如果平王東遷要晚到公元前 740 年左右，東遷要到公元前737 年左右才進行的話，那么秦襄公、鄭武公、衛武公等人就不可能擁立周平王並護送平王東遷。"①程平山先生爲了調和這其中的矛盾，還調整了兩周之際秦、晉等國的世系與在位之年②，似不必然。因爲《繫年》的敘事風格不同於一般的編年史書③，其往往分述一事之始末，並不一定嚴格按照時間順序編排。比如第十四章爲晉景公八年（前 592 年），在跨越了第十七章的晉平公元年（前 557 年）後，到了第二十章又回到了景公十一年（前 589 年）。因此，如果我們把第二章中講攜王與講平王的内容看作平行敘事的兩段，其中的抵牾就迎刃而解了。也就是説，這短短的一段話，分別描述了攜王與平王各自的經歷：攜王在邦君諸正的擁立下，在幽王死後便承繼王位，立二十一年後（前 750 年）被晉文侯所殺；至於平王，則是在幽王死後九年（前 762 年）才被晉文侯迎立，其後直至攜王被殺，一直與其"二王並立"。爲方便觀覽，兹列表如下：

《繫年》所述攜王、平王大事表

	前 770—前 762	前 762—前 759	前 759—前 751	前 750
攜王敘事	邦君諸正乃立幽王之弟余臣于虢，是攜惠王。	（與平王"二王並立"）		立廿又一年，晉文侯仇乃殺惠王于虢。
平王敘事	周亡王九年，邦君諸侯焉始不朝于周。	晉文侯乃逆平王于少鄂，立之于京師。三年，乃東徙，止于成周。	（在晉、鄭的支持下承繼周祀）	

① 劉國忠：《從清華簡〈繫年〉看周平王東遷的相關史實》，陳致主編：《簡帛·經典·古史》，第178 頁。
② 程平山：《秦襄公、文公年代事跡考》，《歷史研究》2013 年第 5 期；程平山：《唐叔虞至晉武公年代事跡考》，《文史》2015 年第 3 期。
③ 關於《繫年》不是編年體，許兆昌已有論説，參見許兆昌：《〈繫年〉、〈春秋〉、〈竹書紀年〉的歷史敘事》，上海：中西書局，2015 年，第 2—5 頁。

　　如此理解幽王死後這二十一年間的歷史，顯然要較前說合理得多。但此說經整理報告以及李學勤先生提出後①，並未得到公認。一個很重要的原因就在於平王直到幽王去世九年才得立的說法與《紀年》不合。因爲按照前引《竹書紀年》的記載，平王在幽王死於戲之前，就被申侯、繒侯②及許文公在申地擁立爲王了。有鑒於此，學者紛紛改讀簡文以牽合《紀年》。王紅亮先生、李零先生就認爲"亡王"是指亡國之君周幽王，"周亡王九年"就是周幽王九年③。魏棟先生則是將其斷讀爲"周亡。王九年"，也認爲是幽王九年④。這些說法都很明顯是受到了《紀年》中平王在幽王生前就得立的記載的影響。實際上，平王先立於申與"周無王九年"以及晉文侯復立之於少鄂並不沖突。因爲所謂"周無王九年"，實際上指的是"周王室前後九年無人君臨天下，以致邦君諸侯始不朝周，周王朝面臨瓦解局面"⑤，並非當時真的沒有人稱王。從現有的材料來看，平王之立大概有兩次，一次是《竹書紀年》所說幽王在位時在西申的初立，另一次則是《繫年》記載的幽王死後九年晉文侯的復立。先立平王的申、繒、西戎等，曾弑殺幽王，他們擁立平王的行徑自然不會得到邦君諸侯的承認。而後來迎立平王的晉文侯是諸侯之長，在他的支持下平王繼承大統則可謂名正言順。從幽王蒙難到平王復立的九年裏，正如李學勤先生所說"宜臼在申，余臣在虢，都不在王都，也都未能得到普遍承認"⑥，因而《繫年》便稱之爲"周無王"了。

　　以上種種，就是幽王死後出現的混亂局面。那么在攜王奸命、平王未

---

① 參見李學勤：《清華簡〈繫年〉及有關古史問題》，《文物》2011 年第 3 期；李學勤：《由清華簡〈繫年〉論〈文侯之命〉》，《揚州大學學報（人文社會科學版）》2013 年第 2 期。

② 《竹書紀年》誤"繒"爲"曾"，相關考訂見楊寬：《西周史》，上海：上海人民出版社，2003 年，第 575—576 頁。

③ 王紅亮：《清華簡〈繫年〉中周平王東遷的相關年代考》，《史學史研究》2012 年第 4 期；李零：《讀簡筆記：清華簡〈繫年〉第一至四章》，《吉林大學社會科學學報》2016 年第 4 期。

④ 魏棟：《清華簡〈繫年〉"周亡王九年"及相關問題新探》，復旦大學出土文獻與古文字研究中心網站，2012 年 7 月 3 日。

⑤ 徐少華：《清華簡〈繫年〉"周亡（無）王九年"淺議》，《吉林大學社會科學學報》2016 年第 4 期。

⑥ 李學勤：《由清華簡〈繫年〉論〈文侯之命〉》，《揚州大學學報（人文社會科學版）》2013 年第 2 期。

得復立的"周無王九年"期間，鄭國的先公又有何作爲呢？首先可以明確的是，在幽王既敗的最初幾年裏，桓公"二年而滅會，四年而滅虢"，在東方開辟了新的領地，其具體過程在本章的第一節中已經詳細論證過了。但是按照《史記》的説法，桓公在宣王二十二年（前806年）受封，到幽王死後的第四年（前768），已經足足在位38年。就算桓公是厲王遺腹子（前828年出生），滅虢之年他也至少六十高壽。再加之文獻皆言鄭武公輔助平王東遷，我們懷疑桓公應該在周無王的第四年至第九年間去世了。

《鄭世家》云鄭桓公死後，"鄭人共立其子掘突，是爲武公。"[1]在接下來的幾年裏，鄭武公繼承了其父桓公的遺志，進一步開拓疆土，鞏固了鄭國在新遷徙地的勢力。《鄭文公問太伯》篇對鄭武公的作爲有著詳盡的記載，其文云：

> 世及吾先君武公，西城伊、澗，北就鄔、劉，縈軛蒍、邘之國，魯、衛、蓼、蔡來見。

武公在位期間，大致確立了鄭國早期的疆域：西邊在伊、澗之間築城守衛，北部以鄔、劉爲邊境，而蒍、邘之國也在控制之中。鄔、劉，杜預注《左傳》云其分別在在河南緱氏西南與西北，即今河南偃師境内。蒍在今河南孟津東北，邘則處河南沁陽之西。鄔、劉、蒍、邘四地，據《左傳》隱公十一年記載曾被周王用蘇忿生之田置換，[2]可見其地已近於成周之王畿。相對於桓公時期占據的虢、鄶、函、訾附近地區，武公控制的區域在西部和北部有了明顯的擴張，真正做到了"前華後河，右洛左濟"。而武公之所以在很短的時間内能有如此作爲，還是得益於桓公已將這伊洛地區最爲強大的虢、鄶鏟滅。至於接下來事態的發展，就如同史伯所預言的，"若克二邑，鄔、弊、補、舟、依、縢、歷、華，君之土也"。

---

① 《史記》卷42《鄭世家》，第1759頁。
② 《春秋左傳正義》卷4，《十三經注疏》，第1737頁。

《鄭文公問太伯》所見桓公、武公疆域圖

（圓形表示桓公所獲城邑；矩形表示武公時期邊邑）

在周無王的九年時間裏，鄭國既沒有支持奸命的攜王，也沒有在第一時間迎立在與幽王的鬥爭中艱難取勝的平王。桓公、武公兩代專注於自身的生聚與發展，鼓其腹心，奮其股肱，趁勢奪取了濟、洛、河、潁間的廣大地區，一舉成爲居"天下之中"的強國。

第三節　扞艱：平王東遷與武公夾輔周室

根據《繫年》的記載，在經歷了九年的"無王"時期後，平王被晉文侯立於京師，並於三年後東遷到了成周。在平王東遷以及後來與攜王的鬥爭中，晉文侯之功最爲卓著。《尚書》中有周平王所作《文侯之命》一篇，用以表彰晉文侯在非常時期"扞我于艱"①的功勳。實際上，這一時期輔助平王東遷，與晉夾輔周室的還有已經坐大於東方的鄭武公。武公之功，可從春秋人的追憶中見其一斑。如《左傳》隱公六年載周桓公言於王："我周之東遷，晉、鄭焉依。"②《國語·周語》中周富辰亦云："鄭武、莊有大勳力於平、桓，我周之東遷，晉、鄭是依。"③《國語·晉語》有鄭人叔詹之述，他說："吾先君武公，與晉文侯戮力一心，股肱周室，夾輔平王。"④由此可見，鄭武公在平王東遷的過程所起的作用應當與晉文侯旗鼓相當。然而由於史籍缺略，過去我們對武公之功勳具體有哪些知之甚少，現在有了清華簡的記載方可探析一二。

《繫年》云："晉文侯乃逆平王于少鄂，立之于京師。三年，乃東徙，止于成周"，對平王東遷的路徑進行了大致描述。從這句話中首先可以得知的是，平王在未被晉文侯迎立之前居於少鄂。少鄂的地望，整理報告指出"即《左傳》隱公六年之晉地鄂，在今陝西鄉寧"，大致可信。前文已述，平王曾被申侯等立於甘肅與寧夏交界處的西申⑤，而此時又爲何來到了晉地呢？這大概是迫於虢公翰立攜王造成的壓力所致。虢公翰爲西虢之君，西虢在豐鎬之西，爲宗周之要沖。申侯等"殺幽王驪山下，虜褒姒，盡取周賂而去"⑥後，平王在宗周地區無可憑依，只得東逃到晉地以躲避虢公翰與攜王的威脅。

平王居少鄂九年之後，得到晉文侯的支持，將其立於京師，也就是宗周。然而此時豐鎬殘破，又有虢公翰與攜王爲鄰對峙，平王在宗周三年便開始了向成周的遷徙。宗周到成周道阻且長，據《秦本紀》載平王在這段路途中得到了秦穆公的護送。然而秦穆公"以兵送周平王"⑦不太可能越

① 《尚書正義》卷20，《十三經注疏》，第254頁。
② 《春秋左傳正義》卷4，《十三經注疏》，第1731頁。
③ 徐元誥：《國語集解》，第45頁。
④ 徐元誥：《國語集解》，第330頁。
⑤ 關於西申的地理位置，參見徐少華：《"平王走(奔)西申"及相關史地考論》，《歷史研究》2015年第2期。
⑥ 《史記》卷4《周本紀》，第149頁。
⑦ 《史記》卷5《秦本紀》，第179頁。

晉、鄭之境,渡過黄河之後平王就應該"晉、鄭是依"了。《左傳》僖公二十二年記載了平王東遷過程中發生的一則故事:

> 初,平王之東遷也,辛有適伊川,見被髪而祭於野者,曰:"不及百年,此其戎乎! 其禮先亡矣。"①

《左傳》中常見此類預言,蓋後人所追述,不可盡信。但此中有一條重要的信息不可忽視,那就是平王東遷止於成周之前,曾路過伊水邊的伊川。而前引《鄭文公問太伯》已經告訴我們,鄭武公在位期間曾"西城伊、澗",也就是説平王過伊川時此地已屬鄭境。實際上,武公時鄭國的邊邑鄔、劉、蔿、邘都鄰近成周,對成周從東南形成包圍之勢。因此,平王東遷成周,如果不得到鄭國的支持,恐怕是難以完成的。

除了《繫年》外,清華簡的《鄭武夫人規孺子》中也有一則與此事相關的重要材料。其文云:

> 吾君陷於大難之中,處衛三年,不見其邦,亦不見其室。如母有良臣,三年無君,邦家亂也。自衛與鄭,若卑耳而謀。

此爲武公夫人武姜規誡新君莊公親近賢臣之語。簡文所謂"吾君",即武姜亡夫鄭武公。其中講武公"陷於大難之中,處衛三年,不見其邦,亦不見其室",爲傳世文獻未載之事,尤其值得注意。然而令人不解的是,武公身爲一國之君,爲何要"處衛三年"。結合武公在位時的形勢來看,此事可能與平王東遷成周有關。

根據《史記·衛世家》記載,平王落難時衛武公亦曾將兵佐周,而且"甚有功,周平王命武公爲公"②。因此平王得以東遷成周,實際上是晉、鄭、衛等東方姬姓諸侯共同擁立的結果。然而成周之地,按照史伯的説法

① 《春秋左傳正義》卷15,《十三經注疏》,第1813頁。
② 《史記》卷37《衛康叔世家》,第1591頁。

可謂"非親則頑"，平王東遷之初，在成周立足並未穩固，仍然"陷於大難之中"。武公處衛三年，乃是爲了在旁輔佐平王[①]。在武公之時，成周的東北仍爲衛國所控制。按照《鄭文公問太伯》的説法，鄭國到了莊公時期才"北城溫、原"，"東啓隤、樂"，將鄭、衛兩國的邊界推到更往東的河南輝縣附近。因此，武公在鄭衛交界的成周夾輔平王自然可稱"處衛"，而簡文中武姜説"自衛與鄭，若卑耳而謀"也可印證這一點。

鄭武公迎立平王於成周，並且親自在旁輔佐三年，"不見其邦，亦不見其室"，在諸侯中居功至偉，於平王處也獲利最多。《左傳》隱公三年載"鄭武公、莊公爲平王卿士"[②]，鄭國國君在平王時期成爲世襲的執政王卿。而且從襄公二十五年説"先君武、莊爲平、桓卿士"[③]來看，鄭國在王朝的地位一直延續到了桓王，這使鄭國在春秋早期有著列國所無法比擬的政治優勢。《繫年》云"鄭武公亦正東方之諸侯"，明確地指出了平王東遷後鄭國挾王命以獨霸一方的強盛局面。

第四節　小　結

從幽王八年鄭桓公擔任司徒到鄭武公助平王東遷成周的十數年間，有周一代經歷了前所未有的大變局。在這個動蕩與機遇並存的歷史時期，鄭國的先公沒有選擇爲舊王權陪葬，而是一路篳路藍縷，"逃死"到東方的伊、洛流域。經過桓公、武公兩代的經營，遷徙到東方的鄭國不斷發展壯大，成爲成周附近的重要力量。在晉文侯迎立平王結束了周無王九年的混亂局面後，鄭武公審時度勢支持平王，進一步爲鄭國獲取了政治資本，使其在春秋早期成爲顯赫一時的大國。

---

① 晁福林先生最近發表了《談清華簡〈鄭武夫人規孺子〉的史料價值》一文（《清華大學學報（哲學社會科學版）》2017 年第 3 期），對"處衛三年"的理解與我們不同，有興趣的讀者可以參看。
② 《春秋左傳正義》卷 3，《十三經注疏》，第 1723 頁。
③ 《春秋左傳正義》卷 36，《十三經注疏》，第 1985 頁。

　　鄭國在兩周之際的際遇，實際上是西周末年以來王權旁落、諸侯各自爲家的歷史趨勢的一個縮影。《國語・鄭語》載："及平王之末，而秦、晉、齊、楚代興，秦景、襄於是乎取周土，晉文侯於是乎定天子，齊莊、僖於是乎小伯，楚蚡冒於是乎始啓濮。"①顧棟高説"東遷以後，政教號令不行於天下"②，真實反映了當時的政治形勢。隨著支撑了西周王朝近三百年的宗法制的崩潰，周王的統治力不再，諸侯相繼代興，開啓了中國歷史的新局面。

---

① 徐元誥：《國語集解》，第 477 頁。
② 顧棟高：《春秋大事表》，第 1673 頁。

第二章
"孝子不匱"還是"雄鷙多智":
鄭武夫人與鄭莊公事考論

　　熟悉春秋歷史的都知道,"鄭伯克段於鄢"是《左傳》開篇所載的第一件大事。鄭國第三代國君莊公即位後,其弟叔段在母親武姜的支持下發動叛亂。鄭莊公興兵伐罪,克段逐母,穩固了立國未久的鄭國岌岌可危的政治局勢。對於莊公克段的前因後果以及與生母武姜的親情糾葛,《左傳》於隱桓事中著墨猶多,所記不可謂不詳盡①。然而後世圍繞著這段歷史所作出的評價,卻呈現出兩種截然不同的態度:一種認爲鄭莊公平亂成志,對弟"緩追逸賊",對母不計前嫌、"掘隧相見",可謂"孝子不匱";與之相對者,則是對莊公人品作爲的指責,認爲他"雄鷙多智","養成弟惡而殺之"實爲處心積慮預謀已久而爲之。

　　自《春秋》三傳始,對莊公的這兩種不同評價已糾葛了兩千餘年,歷代博學鴻儒均莫能辨之②。究其原因,還是由於記載此事的史料過於單一。莊公克段逐母事僅見於《左傳》③,而《史記》所載實爲抄撮《左傳》而來,不足爲參證。孤證難立,是執兩説者所共同面臨的障礙。新近公布的

---

① 梁啓超認爲:"左氏之書,其斷片的敘事,雖亦不少;然於重大問題,時復溯原竟委,前後照應,能使讀者相悦以解。"(梁啓超:《中國歷史研究法(外二種)》,石家莊:河北教育出版社,2000年,第22頁。)《左傳》敘述此事追溯到莊公即位之前,紀事本末俱全,可見其重視程度。
② 顧棟高《春秋大事表》云:"論者謂莊公養成段惡,志在欲殺其弟,歷千百年無有能平是獄者。"(顧棟高:《春秋大事表》,第2615—2616頁。)足見二説之紛紜。
③ 《左傳》隱公元年載其事,見《春秋左傳正義》卷2,《十三經注疏》,第1715—1717頁。以下引用本年事不再出注。

清華簡《鄭武夫人規孺子》篇,記載的是鄭武公去世後夫人武姜對新君莊公的規誡,其內容全然不見於傳世文獻,是研究鄭武夫人與鄭莊公事的第一手資料①。本章將在新材料基礎上,結合傳世史料的記載,集中考察武公即位前後與武夫人的一系列交鋒,並嘗試對莊公其人的評價進行撥亂反正。

第一節　鄭武公晚年的政局

鄭國的始封君桓公,在西周末年的動蕩局勢中完成了東遷立國的偉業。而繼承桓公君位的武公,亟須面對的除了鄭國自身立足東方未穩的內憂,還包括兩周之際王權旁落、諸侯並起的複雜時局。《國語·鄭語》在全篇之末對當時的天下大勢進行了精辟的總結,其文云:

> 及平王之末,而秦、晉、齊、楚代興,秦景、襄於是乎取周土,晉文侯於是乎定天子,齊莊、僖於是乎小伯,楚蚡冒於是乎始啓濮。②

西周王朝覆亡後,秦、晉、齊、楚等本就具有相當實力的諸侯國乘勢而起,相繼稱霸。而新遷到東方的鄭國藉由助平王東遷的功勞以及自身的努力經營,也初步具備了與傳統強國鼎足而立的實力。清華簡《繫年》第二章描述兩周之際的形勢,除了晉、楚等強國外,還特別提到了鄭國,其云:

> 周亡王九年,邦君諸侯焉始不朝於周……晉人焉始啓于京師。鄭武公亦正東方之諸侯……楚文乃以啓于漢陽。

---

① 李守奎先生認爲該篇很可能成於莊公在世期間,是史官實録。參見李守奎:《〈鄭武夫人規孺子〉中的喪禮用語與相關的禮制問題》,《中國史研究》2016 年第 1 期。
② 徐元誥:《國語集解》,第 477 頁。

鄭武公在平王東遷後擔任了王朝卿士的職位①，並且開啓了鄭國"正東方之諸侯"的局面。清華簡的《鄭文公問太伯》篇記述了鄭文公與太伯的問對，其對鄭武公事跡的追述更爲具體：

> 世及吾先君武公，西城伊、澗，北就鄔、劉，縈軛蔿、邘之國，魯、衛、蓼、蔡來見。

可見到了武公在位之時，鄭國不僅在疆域方面有了較大範圍的擴張，在政治和外交上也取得了廣泛的認可。

鄭國政治地位的上升，從鄭武公的婚姻情況亦可窺其一斑。根據《左傳》記載，"鄭武公娶於申，曰武姜"。《史記·鄭世家》也說："武公十年，娶申侯女爲夫人，曰武姜。"②史書特筆一書鄭武公娶申侯之女爲夫人，又有何寓意呢？《國語·鄭語》中史伯爲鄭桓公分析天下局勢時曾指出"申、呂方強"③，清華簡《繫年》第二章則記載了"周幽王取妻於西申，生平王"以及平王聯合申人攻幽王滅周的史事。由此可見，鄭武公娶妻的申國，在當時有著相當雄厚的實力與突出的政治地位。而且從鄭武公與周幽王同輩來推測，武公所娶的武姜甚至有可能是平王之母的幼妹。因此，在此時與剛剛助平王爭位成功的申國聯姻，無疑可以突顯出鄭武公的地位以及與平王的密切關係。

史書記載，武姜共爲鄭武公生了兩個兒子。《左傳》隱公元年載"生莊公及共叔段"，《鄭世家》也說"生太子寤生"，"後生少子叔段"。至於二子的生年，《史記·十二諸侯年表》載鄭武公十四年生莊公，十七年生叔段④，所差不過三歲。然而武姜對所出的兩個兒子並沒有做到等而視之。《鄭世家》載："生太子寤生，生之難，及生，夫人弗愛。後生少子叔

---

① 《左傳》隱公三年"鄭武公、莊公爲平王卿士"，見《春秋左傳正義》卷 3，《十三經注疏》，第 1723 頁。
② 《史記》卷 42《鄭世家》，第 1759 頁。
③ 徐元誥：《國語集解》，第 475 頁。
④ 《史記》卷 14《十二諸侯年表》，第 537—538 頁。

段,段生易,夫人愛之。"①《史記》認爲由於莊公難産而生,因而武姜嫌棄他而寵愛順産的少子叔段。《左傳》所記與之稍異,云:"莊公寤生,驚姜氏,故名曰'寤生',遂惡之。"杜注以爲:"寐寐而莊公已生,故驚而惡之。"②若如杜預之説,一覺醒來孩子就出生了,恐怕不能稱之爲"生之難"。前人已將"寤生"讀爲"牾生",亦即"逆生"③。胎兒逆生可謂難産,與《史記》之説便可相合了。不過從武姜以"寤生"名莊公來看,她對於這個難産的兒子確實是相當厭惡的。

　　武姜對少子叔段的寵愛,甚至使她有了廢長立幼的想法。《左傳》載其"愛共叔段,欲立之。亟請於武公,公弗許"。此一"亟"字,深刻體現了武姜廢寤生而立叔段的迫切心情。根據《史記》的記載:"二十七年,武公疾。夫人請公,欲立段爲太子,公弗聽。是歲,武公卒,寤生立,是爲莊公。"④雖然武姜力諫廢長立幼,然而殷鑒不遠,親眼目睹了由儲君廢立所引發的幽王之難的武公終究沒有采納她的意見。

第二節　鄭莊公即位之初與武姜的交鋒

　　按照《鄭世家》的説法,鄭武公於在位的第二十七年去世,由莊公寤生即君位,並於次年改元。《左傳》、《史記》對武公生前武姜請立叔段以及莊公即位後爲叔段請封都有詳細記載,而對於武公卒後莊公新立之時則均缺載其事。萬幸的是清華簡《鄭武夫人規孺子》篇中武姜與莊公佚事的發現,使我們有了重新了解這段歷史的機會。

　　《鄭武夫人規孺子》開篇便交代了故事背景,其云:"鄭武公卒,既葬,武夫人規孺子。"葬,《釋名》曰:"假葬於道側曰葬。"⑤賈公彦云:"葬訓爲

---

① 《史記》卷 42《鄭世家》,第 1759 頁。
② 《春秋左傳正義》卷 2,《十三經注疏》,第 1715 頁。
③ 見劉文淇:《春秋左氏傳舊注疏證》,北京:科學出版社,1959 年,第 6 頁。
④ 《史記》卷 42《鄭世家》,第 1759 頁。
⑤ 劉熙:《釋名》,北京:中華書局,2016 年影印版,第 124 頁。

陳,謂陳屍於坎"。① 簡文所謂"鄭武公卒,既殯",也就是鄭武公死後入殮未殯,陳屍棺中的一項儀節。至於"殯"的時間,《文選》李善注引古本《儀禮》曰:"死三日而殯,三月而葬。"②李守奎先生認爲此是士喪之禮,於諸侯則是五日③,應該是正確的意見。

武公卒後第五日,入殮未殯,武姜臨武公之棺對莊公進行了以下一番規誡:

> 昔吾先君,如邦將有大事,必再三進大夫而與之偕圖。既得圖乃爲之毀,圖所賢者焉申之以龜筮,故君與大夫晏焉,不相得惡。區區鄭邦望吾君,無不盈其志於吾君之君己也。使人遙聞於邦,邦亦無大繇賦於萬民。吾君陷於大難之中,處於衛三年,不見其邦,亦不見其室。如毋有良臣,三年無君,邦家亂也。自衛與鄭若卑耳而謀。今是臣臣,其何不保? 吾先君之常心,其何不遂?

> 今吾君即世,孺子汝毋知邦政,屬之大夫。老婦亦將糾修宮中之政,門檻之外毋敢有知焉。老婦亦不敢以兄弟婚姻之言以亂大夫之政。孺子亦毋以褻豎、嬖御、勤力、射馭、媚妮之臣躬恭其顏色,④掩於其巧語以亂大夫之政。孺子汝恭大夫且以教焉。如及三歲,幸果善之,孺子其重得良⑤臣,四鄰以吾先君爲能敍。如弗果善,欹吾先君而孤孺子,其罪足數也。邦人既盡聞之,孺子又誕告,吾先君如忍孺子之志亦猶足,吾先君必將相孺子,以定鄭邦之社稷。

---

① 《儀禮注疏》卷 37,《十三經注疏》,第 1139 頁。
② 蕭統編,李善注:《文選》卷 58,上海:上海古籍出版社,1986 年,第 2491 頁。
③ 參見李守奎:《〈鄭武夫人規孺子〉中的喪禮用語與相關的禮制問題》,《中國史研究》2016 年第 1 期。
④ 此句從馬楠先生讀,見清華大學出土文獻讀書會:《清華六整理報告補正》,清華大學出土文獻研究與保護中心網站,2016 年 4 月 16 日。
⑤ 此處整理報告的原編聯方案似有可商之處。有研究者將簡 9 移至簡 13 與簡 14 之間,文義較爲通達,今從之。見尉侯凱:《清華簡六〈鄭武夫人規孺子〉編聯獻疑》,武漢大學簡帛網,2016 年 6 月 9 日;尉侯凱:《讀清華簡六劄記(五則)》,李學勤主編:《出土文獻》第 10 輯,上海:中西書局,2017 年,第 124—124 頁;子居:《清華簡〈鄭武夫人規孺子〉解析》,中國先秦史網,2016 年 6 月 7 日;賈連翔:《清華簡〈鄭武夫人規孺子〉篇的再編連與復原》,《文獻》2018 年第 3 期。

細審武夫人的這番話,實際上表達了兩層意思。武姜以"昔吾先君,如邦將有大事,必再三進大夫而與之偕圖"開篇,首先向莊公強調的就是先君武公的治國理念——團結良臣,充分發揮大夫在國家治理中的作用。爲了充分說明這一點,武姜還追述了武公"陷於大難之中,處於衛三年"的往事,並假設了"如毋有良臣,三年無君,邦家亂也"的嚴重後果。武姜告誡莊公,對於這些起先君於亂的良臣,一定要像武公那樣充分尊敬並加以利用。

武姜對莊公親善賢臣的勸誡,看似發自肺腑的忠善之教,實際上則是爲了達到更深層次的目的。在敘述了武公重用良臣的傳統之後,她隨即便提出了"今吾君即世,孺子汝毋知邦政,屬之大夫"的要求,命令莊公不得執政,而是將國事交給大夫。作爲交換,武姜表態自己也會"糾修宮中之政,門檻之外毋敢有知焉"。而她接下來強調的"老婦亦不敢以兄弟婚姻之言以亂大夫之政",甚至有脅迫莊公的意味。因爲此時武姜的母家申國正如日中天,她的一句"兄弟婚姻之言"可能就會引起禍亂。除了不可知國政外,武姜還要求莊公遠離褻豎、嬖御、勤力、射馭、媚妬等近侍之臣,以保證大夫執政不受擾亂。武姜指出,如果莊公能够做到"恭大夫且以教焉"三年,無論大夫執政的結果好與壞,都會得到先君武公的保佑,使鄭國的社稷安定。

武姜所提出的莊公三年不可執政的要求,其理據當然是禮書所豔稱的三年之喪①。而且她還以武公也曾處衛三年不執國政,鄭國並未遭遇禍亂作爲事實依據,看似合情合理。然而武姜的實際用意,恐怕並不僅僅是"克己復禮"那麽簡單②。衆所周知,喪主雖有"三年之憂",但作爲一國之君則鮮有服喪三年而不執國政者③。武姜之所以提出莊公三年不得主

① 李守奎先生對此已有詳細論述,參見李守奎:《〈鄭武夫人規孺子〉中的喪禮用語與相關的禮制問題》,《中國史研究》2016年第1期。
② 李學勤先生說:"大家讀《左傳》,都知道武姜因爲莊公誕生時難産,不喜歡這個兒子。《鄭武夫人規孺子》中武姜的態度,是否也隱含這樣的感情因素,是值得我們尋味的。"見李學勤:《有關春秋史事的清華簡五種綜述》,《文物》2016年第3期。
③ 文獻記載僅有殷高宗武丁曾"三年不言",屬於個案。

政的要求,實際上還是源於她對寤生的憎惡以及對少子叔段的偏愛。此時武公已死,莊公已然即位,改立叔段短時間内無法達成。而限制莊公執政,不給他培植羽翼的機會,實爲武姜的緩兵之計。

簡文於武姜的規誡之後,對莊公的反應進行了描寫,其云:"孺子拜,乃皆臨。自是期以至葬日,孺子毋敢有知焉,屬之大夫及百執事。""是期",即指武夫人規孺子之日。"葬日",依諸侯五月而葬之禮,指的是五個月之後。這期間莊公果然如武姜要求的那樣對國政"毋敢有知","屬之大夫及百執事"。這種反常的行爲引起了大夫的恐慌,簡文説:"人皆懼,各恭其事。"此時作爲群臣領袖的邊父出面規勸大夫,他説:"君拱而不言,加重於大夫,汝慎重。"意思是國君不理國政,是把責任都加重於大夫身上,群臣更應該謹慎行事。從大夫的反應以及邊父的話來看,群臣對武姜要求國君不執國政的做法並不十分贊許。

武公入葬以後,莊公依然謹守著母親武姜不可執政的要求。簡文接下來講"君葬而久之於上三月"①,是説莊公在武公入葬後又繼續在側服喪三個月。②武姜的無理要求與莊公的唯唯諾諾終於引來了群臣的不滿,簡文云:

> 小祥,大夫聚謀,乃使邊父於君曰:"二三老臣使獻寇也、布圖於君。昔吾先君使二三臣,抑早前後之以言,使群臣得執焉,且毋效於死。今君定,拱而不言,二三臣事於邦,惶惶焉,焉削錯器於選藏之中,毋措手止,殆於爲敗,姑寧君? 是有臣而爲褻嬖,豈既臣之獲罪,又辱吾先君,曰是其蓋臣也?"

---

① 原整理報告將此句與上句"君拱而不言,加重於大夫,汝慎重"相連,今從王寧先生説將其斷開,參見王寧:《清華簡六〈鄭武夫人規孺子〉寬式文本校讀》,復旦大學出土文獻與古文字研究中心網站,2016 年 5 月 1 日。

② 這裏的"三月"也可能與武公的殯期有關。《左傳》《禮記》講諸侯五月而葬,但《春秋》載諸侯殯期與之多有抵牾。邵蓓先生認爲春秋晚期中原諸侯開始實行三月而葬的禮制(邵蓓:《春秋諸侯的殯期》,《中國史研究》2005 年第 4 期)。而據統計,《春秋》所載鄭國八君除了厲公與僖公基本都是實行三月葬制(吳柱:《春秋諸侯喪禮殯期問題新探》,《文史》2016 年第 4 期),推想《春秋》未載的桓公、武公,死後也是三月而葬。

武公期年小祥之日,群臣聚謀推舉邊父向莊公進諫。邊父先回顧了先君
武公當政時期對群臣朝夕訓示的景象,接著又委婉地表達了對莊公不理
國政,致使群臣惶惶不知所措的不滿。邊父認爲長此以往,必會造成"既
臣之獲罪,又辱吾先君"的後果,希望莊公結束"拱而不言"的狀態,履行
一國之君的職責。

邊父等人的這次進言,名義上是爲大夫請罪,實際上則是對莊公的勸
進。然而出乎邊父及群臣所料的是,莊公非但沒有就此拾級而上,反而力
排衆議堅持守喪,並對邊父等人進行了批評。簡文如是説:

> 君答邊父曰:"二三大夫不當毋然,二三大夫皆吾先君之所付孫
> 也。吾先君知二三子之不二心,用歷授之邦。不是然,又稱起吾先君
> 於大難之中? 今二三大夫畜孤而作焉,豈孤其足爲勉,抑無如吾先君
> 之憂何。"

莊公説,雖然群臣勸勉自己有所作爲使他很受鼓舞,但依然不能棄先君武
公的"三年之憂"於不顧。由此可見,此時年僅十三歲的孺子莊公,對母
親武姜的規誡是深信不疑的。

就在莊公謹守武姜不執國政的要求,與群臣據理力爭的同時,一直懷
有改立愛子叔段之心的武姜並沒有坐以待斃。據《左傳》記載,武姜於武
公在世時請立叔段不成,"及莊公即位,爲之請制"。但是莊公並沒有答
應封制,其曰:"制,巖邑也,虢叔死焉,他邑唯命。"所謂"巖邑",即地勢險
要之地。莊公認爲制邑地勢險峻,而且鄭國東遷時剛剛在此地剪滅了虢
叔,作爲叔段的封邑不太理想。《國語·鄭語》史伯云"虢叔恃勢,鄶仲恃
險"[①],可見莊公所言非虛。"他邑唯命",則是説除了制,選擇其他城邑作
爲叔段的封地唯武姜命是從。

武姜請制不成,"請京,使居之,謂之京城大叔"。莊公聽命於武姜,將

① 徐元誥:《國語集解》,第473頁。

叔段封於京,招致了大夫祭仲的不滿,其云:"都城過百雉,國之害也。先王之制:大都不過參國之一;中五之一;小九之一。今京不度,非制也,君將不堪。"這裏的先王之制爲周公營建成周時所定下,《逸周書·作雒》云:

> 周公敬念于後曰:"予畏同室克追,俾中天下。"及將致政,乃作大邑成周于土中。城方千七百二十丈,郭方七百里。南繫于洛水,地因于郟山,以爲天下之大湊。制郊甸方六百里,國西土爲方千里。分以百縣,縣有四郡,郡有四鄙。大縣城,方王城三之一;小縣立城,方王城九之一。郡鄙不過百室,以便野事。農居鄙,得以庶士;士居國家,得以諸公、大夫。凡工賈胥市臣僕,州里俾無交爲。①

周公制定立城之制,是爲了防止都邑過大威脅到君權。祭仲認爲京作爲封邑逾越了先王之制,將會爲莊公招來災禍。而據《史記》記載,"京大於國"②,不僅逾越了"參國之一"的限制,甚至超過了國都。武姜明知以京作爲封地是逾制的行爲,依然爲叔段請之,可見她有著更深遠的預謀,其不臣之心昭然若揭。

《左傳》桓公十八年云:"並后、匹嫡、兩政、耦國,亂之本也。""耦國",杜注:"都如國。"③莊公枉顧"耦國"的危險,將大於國的京封給了叔段作爲封地。面對祭仲的指責,他只能回答説:"姜氏欲之,焉辟害?"而《鄭世家》的記載經由司馬遷的處理則更爲生動,云:"武姜欲之,我弗敢奪也。"④更突顯出莊公的無奈。

如果對武公卒後莊公新立的一年間進行總結,我們可以看到新君莊公對母親武姜的要求可謂唯命是從:武姜要求莊公不可知國政,他便"毋敢有知焉,屬之大夫及百執事",即便面對群臣的勸進,他仍謹遵母命據理

---

① 黃懷信、張懋鎔、田旭東:《逸周書匯校集注》,上海:上海古籍出版社,2007 年,第 524—532 頁。
② 《史記》卷 42《鄭世家》,第 1759 頁。
③ 《春秋左傳正義》卷 7,《十三經注疏》,第 1759 頁。
④ 《史記》卷 42《鄭世家》,第 1759 頁。

力争。武姜在莊公元年①便爲叔段請封，莊公不願寵弟居於地勢險峻的
制，突破先王之制將其封在了"耦國"的京，亦姜氏之命也。然而莊公對
武姜的一再忍讓，並沒有博得母親的半點同情，反而爲此後的災禍埋下了
"亂之本"。

第三節　莊公平叔段之亂與逐母於潁

早在莊公元年封叔段於京時，祭仲就提醒莊公要提防武姜與叔段，他
說："姜氏何厭之有？不如早爲之所，無使滋蔓。蔓，難圖也。蔓草猶不可
除，況君之寵弟乎？"祭仲指出姜氏的野心不止爲叔段請京而已，應當及早
采取措施，以免事態蔓延不可收拾。而此時年僅十四歲的莊公不知是沉
著冷静有所謀劃還是出於無奈，僅作出了一番非常理想化的回應："多行
不義，必自斃，子姑待之。"

正是由於莊公的姑息放任，使叔段在擴張自己的勢力時可謂肆無忌
憚。《左傳》云："既而大叔命西鄙、北鄙貳於己。"《説文》："貳，副益
也。"②杜注認爲此處的"貳"意爲兩屬③。叔段命鄭國的西部與北部邊境
"貳於己"，這種出格的行爲隨即引發了大夫的强烈反對，《左傳》載公子
吕語於莊公："國不堪貳，君將若之何？欲與大叔，臣請事之；若弗與，則請
除之，無生民心。"公子吕警告莊公對於貳國的行爲必須制止，繼續放任如
同讓國於叔段。然而莊公卻説："無庸，將自及。"依舊沒有采取行動。

見莊公没有作出反應，叔段又進一步"收貳以爲己邑，至於廩延"。
此前兩屬的西鄙、北鄙在此時正式被叔段收爲自己的城邑。"廩延"依杜
注在今河南延津，已接近衞境。叔段所居之京，在今河南滎陽④，地處鄭

---

① 《史記·鄭世家》載："莊公元年，封弟段於京，號太叔。"
② 許慎：《説文解字》卷6，北京：中華書局，1963年，第130頁。
③ 《春秋左傳正義》卷2，《十三經注疏》，第1716頁。
④ 見楊伯峻：《春秋左傳注》，北京：中華書局，2009年，第11頁。

國之西北。再加上西鄙、北鄙以及廩延等地，段叔此時已占據鄭國之西北地區，呈現出了割據之勢。鑒於此，子封（即公子吕）提出："可矣，厚將得衆。"認爲已經到了興兵伐罪的時候，否則以叔段的雄厚實力將會得衆。即便如此，莊公仍不爲之所動，僅云："不義不暱，厚將崩。"

面對叔段的步步緊逼，莊公選擇了隱忍不發，静待其變。然而莊公對弟弟長期的驕縱以及不聽群臣諫言的做法，還是受到了諸多非議。《詩經》的《鄭風》中保留了較多與此事有關的詩篇。《叔于田》與《大叔于田》兩篇，均藉由叔段據封營私而作。《叔于田》序曰："《叔于田》，刺莊公也。叔處於京，繕甲治兵，以出於田，國人説而歸之。"於《大叔田》則云："《大叔田》，刺莊公也。叔多才而好勇，不義而得衆也。"①叔段在封地轟轟烈烈地養兵備戰，莊公卻不聞不問、姑息養奸，鄭人遂作詩以刺之。《將仲子》一篇，則批評了莊公不聽諫言的行爲。其序云："《將仲子》，刺莊公也。不勝其母以害其弟，弟叔失道而公弗制，祭仲諫而公弗聽，小不忍以致大亂焉。"②上博簡《孔子詩論》云："《將仲》之言不可不畏也。"③特别强調了"言"，所指也是莊公不聽祭仲之言而招致災禍一事。

從莊公對群臣的回應來看，莊公之所以未及時扼制叔段坐大，一方面是顧忌武姜的影響，另外一方面則可能確實不忍心親手制裁寵弟。莊公所説的"多行不義，必自斃"、"無庸，將自及"、"不義不暱，厚將崩"等語，將懲戒叔段的責任推給了上天，更像是一種無奈之下的順其自然。

然而"多行不義"的叔段並没有如莊公所願那樣"自斃"。《史記》記載，莊公二十二年，叔段在發展了二十余年之後興師襲鄭，並有姜氏作爲内應④。此時的莊公終於没有繼續逆來順受，《左傳》云其"命子封帥車二百乘以伐京。京叛大叔段，段入於鄢，公伐諸鄢。五月辛丑，大叔出奔共"。叔段兵敗於鄢，後又出奔衛國的共地，有學者指出此乃莊公有意爲

① 《毛詩正義》卷2，《十三經注疏》，第337頁。
② 《毛詩正義》卷2，《十三經注疏》，第337頁。
③ 馬承源主編：《上海博物館藏戰國楚竹書（一）》，第146頁。
④ 《史記》卷42《鄭世家》，第1759頁。

之,因爲"莊公欲捉他其易,卻任由他逃亡共地,可能的解釋是莊公並不想殺他,而有意令其出奔"①。"緩追逸賊",放寵弟一條生路,可能確是莊公的真實想法。《左傳》隱公十一年載莊公於克段十年之後感歎:"寡人有弟,不能和協,而使糊其口於四方。"②所體現出的甚至是一種久疏親情的淒涼之感。

　　除了放歸叔段,莊公對叔段的後人也没有趕盡殺絶。《左傳》莊公十六年載鄭厲公之時"公父定叔出奔衛,三年而復之,曰:'不可使共叔無後於鄭'",③可見鄭國對叔段的後人一直是十分重視的。除此之外,叔段後人在鄭國的活動還有考古發現可兹證明。1995 年,考古工作者在河南登封告成發掘了一處春秋早期墓葬,其中的兩件銅鼎上帶有銘文。M3:181 與 M3:6 分別可命名爲"子耳鼎"與"寶登鼎",其銘文拓本與寬式釋文如下:

①　韓益民:《"鄭伯克段於鄢"地理考》,《北京師範大學學報(社會科學版)》2006 年第 4 期。
②　《春秋左傳正義》卷 4,《十三經注疏》,第 1736 頁。
③　《春秋左傳正義》卷 9,《十三經注疏》,第 1772 頁。

子耳鼎：

鄭伯公子子耳作盂鼎，其萬年眉壽無疆，子子孫孫永寶用。

寶登鼎：

鄭喪叔之子寶登作鼎，子子孫孫永寶用享。①

對於這兩件器的器主，張莉先生認爲與叔段家族有關，並進一步指出"鄭喪叔之子寶登"即叔段之子，而"鄭伯公子子耳"與寶登爲同一人②。張先生的研究極具啓發性，因爲春秋早期可稱"鄭伯公子"的大概僅有叔段一脉，但張先生將"子耳"視作叔段之子，並認爲"寶登"爲"叔段"另名，似乎仍有可商之處。

大家都知道，國君的兒子可稱公子，而未即位的公子之子一般就只能稱公孫了。這裏的"子耳"爲"鄭伯公子"，更大可能就是武公之子叔段。

① 銘文拓片引自鄭州市文物考古研究所、登封市文物局：《河南登封告成東周墓地三號墓》，《文物》2006年第4期。釋文較原釋有個别改動："喪"字簡報原釋爲"疆"，按字形應爲"桑"字（見陳斯鵬、石小力、蘇清芳：《新見金文字編》，福州：福建人民出版社，2012年，第184頁），而"桑"字在古文字材料中多可讀爲"喪"。
② 張莉：《登封告成春秋鄭國貴族墓研究》，《中國歷史文物》2007年第5期。

唐人陸淳《春秋啖趙集傳纂例》引《竹書紀年》有"鄭莊公殺公子聖"語,並云:"'公子聖'即《左傳》之'共叔段'。"①《紀年》説叔段爲莊公所殺大概是不對的,但"公子聖"確有可能是叔段的另名。"聖"字甲骨文從"耳"從"口"會意,西周金文以後的字形中累加了聲符"壬",但"耳"一直是此字不可或缺的表意部件。"聖"與"耳"形意皆近,《紀年》的"公子聖"與銘文中的"鄭伯公子子耳"或是一名一字的關係。如果此説能够成立,那麼這件"子耳鼎"可能就是叔段所作。

至於同墓所出的"鄭喪叔之子寶登"之器②,"寶登"大概就是叔段的兒子,與隨叔段奔共的公孫滑爲兄弟。此外,我們頗疑鼎銘裏的"寶登",就是前引《左傳》莊公十六年中在鄭厲公時曾出奔衛的公父定叔。"登"字與"定"在音義兩方面都有密切的聯繫,鄭玄注《周禮》即云"登,成也,猶定也"。因而寶登鼎的主人或許就是那位在昭厲之亂中出奔衛國,三年後又被厲公召回鄭國承叔段之祀的公父定叔。公父定叔死在鄭國後,將父親的"子耳鼎"與自作的"寶登鼎"一同埋葬,便有了我們現在看到的登封告成三號墓的情況。

由上可知,對"君親無將"的叔段,莊公並沒有"將而誅之"。至於這場禍亂的罪魁禍首武姜,莊公又是如何處置的呢?《左傳》云:

> 遂置姜氏於城潁,而誓之曰:"不及黄泉,無相見也。"既而悔之。潁考叔爲潁谷封人,聞之,有獻於公,公賜之食,食舍肉。公問之,對曰:"小人有母,皆嘗小人之食矣,未嘗君之羹,請以遺之。"公曰:"爾有母遺,繄我獨無!"潁考叔曰:"敢問何謂也?"公語之故,且告之悔。對曰:"君何患焉?若闕地及泉,隧而相見,其誰曰不然?"公從之。公入而賦:"大隧之中,其樂也融融!"姜出而賦:"大隧之外,其樂也泄泄!"遂爲母子如初。③

---

① 方詩銘、王修齡:《古本竹書紀年輯證》,第72—73頁。
② 叔段稱"喪叔",或與其叛國出奔有關。
③ 《春秋左傳正義》卷2,《十三經注疏》,第1716—1717頁。

莊公先是將武姜放逐到了城潁,並發誓至死不相見。但後來實在無法忍耐對母親的思念,便在潁考叔的指點下"闕地及泉,隧而相見",成就了"掘地見母"的典故。莊公在隧道中見到母親後,不禁心中喜悦,吟唱道"大隧之中,其樂也融融",可見其思母之情真意切。

第四節 小結:如何評價鄭莊公

在鄭莊公平定了叔段之亂後,鄭國近無内憂、遠無大患,進入了高速發展的時期。《左傳》載鄭莊公此後伐衛、盟齊、入許,並以王左卿士的身份聯合諸侯侵宋①,儼然"春秋小霸"之勢。清華簡《鄭文公問太伯》篇對莊公之世也有詳細的記載:

> 世及吾先君莊公,乃東伐齊鄅之戎爲徹,北城温、原,遺陰、鄂次,東啓隤、樂,吾逐王於葛。

莊公時期的鄭國不僅疆域上較桓公、武公有所擴張,甚至做出了"逐王於葛"的跋扈行爲。《左傳》桓公五年載鄭莊公御王之伐,戰於繻葛,大夫祝聃射中王肩②。背君傷王當然是大逆不道的做法,但這也側面反映了鄭國此時的強勢。

作爲一國之君,鄭莊公帶領鄭國在春秋前期列國紛然代興的背景下迅速崛起,鞏固了"正東方之諸侯"的地位。然而後人對莊公其人的評價,則多著眼於他克段於鄢與逐母於潁的行爲。最早述評此事的《春秋》三傳,觀點就已不盡相同。《左傳》於克段事後:

> 書曰:"鄭伯克段於鄢。"段不弟,故不言弟;如二君,故曰克;稱

---

① 事見《左傳》隱公二年、三年、九年與十一年。
② 《春秋左傳正義》卷6,《十三經注疏》,第1748頁。

> 鄭伯,譏失教也；謂之鄭志。不言出奔,難之也。

在指責叔段不守悌道的同時,亦批評了莊公的"失教"。而對於莊公掘地見母的行爲,《左傳》的"君子曰"則是持正面評價的。引《詩》云其"孝子不匱,永錫爾類",對莊公及潁考叔都進行了表彰。

宣揚"微言大義"的《公羊傳》,評價莊公克段時説：

> 克之者何？殺之也。殺之則曷爲謂之克？大鄭伯之惡也。曷爲大鄭伯之惡？母欲立之,已殺之,如勿與而已矣。[1]

《公羊傳》認爲《春秋》書"克"乃是"大鄭伯之惡也",而鄭伯之惡便在於違背母願而殺其弟。至於《穀梁傳》,則與《公羊》略同：

> 何甚乎鄭伯？甚鄭伯之處心積慮,成於殺也。於鄢,遠也,猶曰取之其母之懷中而殺之云爾,甚之也。然則爲鄭伯者宜奈何？緩追逸賊,親親之道也。[2]

在《穀梁傳》看來,莊公殺弟是處心積慮有意爲之。正確的做法是對謀反的叔段"緩追逸賊",如此才是"親親之道"。《公羊傳》與《穀梁傳》的分析皆立足於"親親相隱"的儒家倫理,但是根據《左傳》的記載,莊公並未殺弟,"鄢"也並非可引申爲"取之其母之懷中而殺之"的"遠"意。因此這樣的批評對莊公顯然是不公平的。

後世的研究者,多在《穀梁傳》"處心積慮,成於殺也"之語上進行發揮。如服虔注《左傳》云："公本欲養成其惡而加誅,使不得生出,此鄭伯之志意也。"[3]説莊公對叔段是刻意"養成其惡",先誘導他犯罪再加誅殺。

---

[1] 《春秋公羊傳注疏》卷 1,《十三經注疏》,第 2198 頁。
[2] 《春秋穀梁傳注疏》卷 1,《十三經注疏》,第 2365—2366 頁。
[3] 《春秋左傳正義》卷 2,《十三經注疏》,第 1716 頁。

鄭玄箋《將仲子》時也説："段好勇而無禮,公不早爲之所,而使驕慢。"①將
叔段謀反的責任歸咎於莊公没有"早爲之所"。南宋胡安國所著《春秋
傳》,認爲莊公"不勝其母"只是他養成弟惡而後除之的借口,其云：

> 夫君親無將,段將以弟篡兄,以臣伐君,必誅之罪也,而莊公特不
> 勝其母焉爾。曷爲縱釋叔段,移於莊公,舉法若是失輕重哉？曰：姜
> 氏當武公存之時,常欲立段矣；及公既没,姜以國君嫡母主乎内,段以
> 寵弟多才居乎外,國人又悦而歸之,恐其終將軋己爲後患也,故授之
> 大邑而不爲之所,縱使失道以至於亂。然後以叛逆討之,則國人不敢
> 從,姜氏不敢主,而大叔屬籍當絶,不可復居父母之邦,此鄭伯之
> 志也。②

在胡安國看來,莊公是嫉妒寵弟叔段多才居外、國人悦而歸之,擔心成爲
威脅自己君位的後患,才故意授之大邑而不加約束。待到叔段失道爲亂
時,莊公再加征伐,就可以名正言順了。吴曾祺在《左傳菁華録》中,將這
種説法發揮到了極致,他説：

> 莊公雄鷙多智,不特姜與叔段在其術中,並能臣祭仲、公子吕輩,
> 亦莫測其所爲,觀其論虢叔之死,儼然爲謀甚忠,娓娓可聽。使無他
> 日之事,不謂之仁愛之言不可也。③

在吴氏的筆下,莊公儼然就是陰險狡詐、老謀深算的代表,不僅武姜與叔
段一步步陷入他的圈套中,就連祭仲、公子吕等人也被他的巧語所蒙蔽。
    對於莊公的過分苛責,引起了清人顧棟高的不滿,他在所著《春秋大
事表》中專門撰文爲莊公辯護。其云：

---

① 《毛詩正義》卷2,《十三經注疏》,第337頁。
② 胡安國：《春秋傳》,長沙：嶽麓書社,2011年,第13頁。
③ 吴曾祺：《左傳菁華録》,上海：商務印書館,1935年,第4頁。

春秋之世,篡弒相尋,往往寬假臣子,而苛責君父,於稱人以弒,則曰君無道也,又曰君惡甚矣。於莊公之誅亂臣,則曰養成弟惡而殺之,使君父於桀驁悖逆之臣子,真有進退維谷之勢。①

顧棟高的辯詞,立足於莊公誅亂臣的合法性。對於"養成弟惡而殺之"的說法,則並没有很好的反駁。真正爲莊公撥亂反正的,是馮景的《駁胡康侯鄭伯克段於鄢傳》:

春秋一書克,而叔段稱兵襲國,無君無兄,罪狀顯然。且鄭伯率師伐罪,力可執戮段,以檅絶其命,乃第克其地而已,緩追逸賊,以全親親之愛。猶使段得奔共久處,故鄭人稱爲共叔段。後又奔莒,以糊其口於四方。鄭伯未嘗正告友邦涖殺之,以正無將之誅,可謂仁厚矣。故孔子於春秋二百四十二年之間止此特筆一書克者,予鄭伯而罪段也。胡氏不達斯義,乃反專罪鄭伯失教,養成其惡,爲利其斃,蓋誤以鄭莊公自言無庸將自及、厚將崩諸語,遂據爲罪案。不知此第泛言其理當然耳。如果處心積慮欲殺段,何乃率師伐罪,而反縱之逸。姑一克其地,遂反兵哉。②

馮景之論,主要由兩方面申之。一是莊公面對罪狀顯然的叔段,並没有"檅絶其命",而是"緩追逸賊,以全親親之愛",因而"可謂仁厚"。二是認爲鄭莊公"無庸將自及、厚將崩諸語",乃是"泛言其理當然耳",不能作爲批評莊公"養成其惡,爲利其斃"的依據。馮景對此事的述論,可謂徵莊援釋、理據皎然。

如果結合《鄭武夫人規孺子》的描述來看,莊公並無背母殺弟之心則更爲顯然。莊公以十三歲之齡猶幼在位,對母親武姜可謂唯命是從。武

---

① 顧棟高:《春秋大事表》,第 2616—2617 頁。
② 馮景:《解春集文鈔附補遺(二)》,《叢書集成初編》2492,上海:商務印書館,1935 年,第137—138 頁。

姜要求莊公三年不可知國政,他便"毋敢有知焉"。邊父等大夫勸莊公早日執政,他卻以"先君之憂"推辭。武姜爲叔段請制,他以制邑險峻拒絶,仍是爲寵弟著想。後來叔段在封地坐大甚至叛國襲鄭,莊公依然放之出奔,未對他處以極刑。待到掘地見母,莊公仍有"其樂融融"之謂。由此可見,雖然莊公自出生後便爲母親所惡,但卻反而激發了他對親情的渴望。武姜對叔段的寵溺以及對莊公的步步緊逼,才是這次禍亂的根本原因。克段逐母,誠非莊公所願。

莊公在治國理政方面誠然"雄鷙多智",但對待武姜及叔段卻能恪守親親之道,稱得上"孝子不匱"。若胡安國、吳曾祺等人得見《鄭武夫人規孺子》,知武姜之咄咄逼人與莊公之唯唯諾諾,恐怕對莊公也就不會有"養成弟惡而殺之"的指責了。

第三章

牢鼠不能同穴：昭厲之亂再考察

　　鄭國的第三任國君鄭莊公在位長達四十三年之久,他治下的鄭國啓疆四域、伐周傷王,開啓了春秋小霸的局面。然而莊公死後不久,鄭國便發生了一場持續數十年的動亂。莊公諸子與執政權臣圍繞著國君廢立"朝夕鬥閱",使鄭國危機頻現、國力日衰,逐漸喪失了在中原諸侯中的優勢地位。

　　昭厲之亂是鄭國由盛而衰的轉折點,《左傳》、《史記》對這段歷史的敘述又較爲詳盡,因而過去的春秋史、鄭國史研究對此多少都會提及①。但是由於《左傳》、《史記》所記差異較小,又無其他文獻可資參正,既往的研究多以敘述爲主而新見不多。清華簡《繫年》與《鄭文公問太伯》等篇中,再現了與這段歷史密切相關的重要史料,對於昭厲之亂的證史、補史彌足珍貴。本章即以出土文獻提供的新認識爲基礎,結合相關傳世史料,對鄭國昭厲之亂的過程開展重新考察,並就這場動亂的前因後果進行嘗試性的探討。

第一節　出土文獻所見鄭國早期世系辨析

　　傳世文獻關於春秋早期鄭國世系記載的混亂,是阻礙我們準確理解昭

---

① 如童書業先生《春秋史》第六章有"鄭國的中衰"專題;蘇勇先生的博士學位論文《周代鄭國史研究》,第四章第一節題爲"鄭莊公之後的君位之争",即專論此事;晁福林先生《論鄭國的政治發展及其歷史特徵》一文,對昭厲之間的動亂亦有論及。

厲之間歷史的第一層障礙。在《左傳》中，鄭國先公出現的先後順序是：莊公、昭公、厲公、昭公、子亹、子儀、厲公。《史記·鄭世家》與之大致相同，爲：莊公、昭公、厲公、昭公、子亹、鄭子嬰、厲公。《史記》的《十二諸侯年表》所列則與《鄭世家》略有差異，其爲：莊公、厲公、昭公、子亹、鄭子嬰、厲公。

　　清華簡《繫年》的第二章記載了兩周之際以及春秋初年的國際形勢，其中就有對鄭國早期世系的詳細描述：

> 武公即世，莊公即位，莊公即世，昭公即位。其大夫高之渠彌殺昭公而立其弟子眉壽。齊襄公會諸侯于首止，殺子眉壽，車轢高之渠彌，改立厲公，鄭以始正。

這其中鄭國在春秋初年的世系爲：莊公、昭公、子眉壽、厲公。清華簡的《鄭文公問太伯》篇，則僅提到了莊公、昭公、厲公，於昭厲之間未有詳述。

　　相比之下，出土文獻對鄭國昭厲之間世系的記載比傳世史料要簡略得多。這當然不意味著厲公、子儀等人在位之事值得懷疑，而是由文獻性質所致。如果我們將這幾種文獻所記的鄭國早期世系進行列表，就很容易觀察出其中的異同：

文獻所記鄭國早期世系異同表

《左傳》	莊公	昭公	厲公	昭公	子亹	子儀	厲公
《鄭世家》	莊公	昭公	厲公	昭公	子亹	鄭子嬰	厲公
《十二諸侯年表》	莊公		厲公	昭公	子亹	鄭子嬰	厲公
《繫年》	莊公	昭公			子眉壽		厲公
《鄭文公問太伯》	莊公	昭公					厲公

　　首先是人名的異稱問題。這種情況主要體現在兩位未得謚號的國君子亹與子儀身上。《左傳》與《史記》均稱昭公死後繼之得立的是其弟子亹①，

---

① 《韓非子·難四》作“子亶”，應是形近而誤。

而《繫年》則記其名爲“子眉壽”。所謂“眉”字，簡文原寫作“𩅫”，此字在金文中常用作“眉”。整理報告已經指出“𩅫”、“𪗞”爲通假字①，因而《繫年》的“子眉壽”當即傳世文獻中的“子𪗞”。至於其後的“壽”字，或以爲是由“眉”而衍，或以爲與“眉”是一名一字的關係。②

子𪗞即位次年便見殺於首止，其後繼立的鄭子，《左傳》云其名“子儀”，在《史記》中則爲“子嬰”。對於這則差異，前人早有論述。《史記索隱》曰：“《左傳》以鄭子名子儀，此云嬰，蓋別有所見。”③陳樹華《春秋左傳集解考正》則認爲二字可互訓，是通假關係，其云：“按儀同倪，倪即兒，小兒也，故《左》作儀，《史》作嬰。”④除此之外，郭沫若先生還曾將子嬰之名與1923年新鄭李家樓出土的王子嬰次爐聯繫起來，認爲王子嬰次就是鄭子嬰⑤。此論的出發點當然是由於該器的出土地爲鄭國故地，但是後來侯馬上馬等地的考古發現證明王子嬰次爐的時代不能早到春秋早期，王子嬰次還應如王國維所説爲楚令尹子重⑥。此説的結論雖然難以成立，但郭老在論述過程中把“子儀”視作鄭子嬰之字，仍有一定的參考價值。

再者是莊公死後至厲公第二次即位之間，鄭國國君在位的次序問題。《左傳》與《鄭世家》對此記載較爲一致，《十二諸侯年表》與之相比則缺失了昭公的第一次在位。《左傳》桓公十一年載：“夏，鄭莊公卒……生昭公，故祭仲立之。”是莊公死後昭公隨即得立。然而昭公在位不過數月，“秋，九月，丁亥，昭公奔衛。己亥，厲公立”⑦。當昭公四年後復位時，《春

---

① 清華大學出土文獻研究與保護中心編，李學勤主編：《清華大學藏戰國竹簡（貳）》，第140頁。
② 華東師範大學中文系戰國簡讀書小組：《讀〈清華大學藏戰國竹簡（貳）·繫年〉書後（二）》，簡帛網，2011年12月30日。王寧：《“彔子聖”之名臆解》，復旦大學出土文獻與古文字研究中心網站，2014年6月4日。袁金平先生撰有《由清華簡〈繫年〉“子𩅫壽”談先秦人名冠“子”之例》（見李守奎主編：《清華簡〈繫年〉與古史新探》，上海：中西書局，2016年，第215—226頁）一文，專門討論此名，有興趣的讀者可以參看。
③ 《史記》卷42《鄭世家》，第1763頁。
④ 參見劉文淇：《春秋左氏傳舊注疏證》，第132頁。
⑤ 郭沫若：《殷周青銅器銘文研究》，北京：科學出版社，1961年，第111頁。
⑥ 相關學術史的評議詳見李學勤：《新鄭李家樓大墓與中國考古學史》，《中國古代文明研究》，上海：華東師範大學出版社，2009年，第92—97頁。
⑦ 《春秋左傳正義》卷7，《十三經注疏》，第1756頁。

秋》經稱其爲"世子忽"①。顧炎武解云："逆以太子之禮,非也。忽未踰年
而出奔,奔四年而復位,未即位不得稱之爲君。"②正是由於昭公第一次得
立未期年便出奔,《十二諸侯年表》爲了維持格式,依例只記載了翌年即
位的厲公。

《繫年》對昭厲之間世系的記載較爲簡略,與傳世文獻相比缺少了厲
公第一次在位以及首止之會後繼子亹即位的子嬰。然而厲公初次在位有
四年時間,鄭子嬰在位更是長達十四年之久,《左傳》、《史記》言之鑿鑿,
恐怕很難輕易否定。《繫年》不載,應該與簡文作者的態度有關,或是一
種刻意懲惡揚善的春秋筆法。我們知道,莊公死後,本已由太子忽即位,
是爲昭公。然而此時鄭國的執政卿祭仲受到宋國的脅迫,於當年就改立
了厲公,後來厲公在位四年後出奔,昭公重登大位。昭公本爲嫡子,又先
於厲公即位,因此在《繫年》作者看來是鄭國正宗,故而不書其中厲公當
政的四年。

至於子亹死後繼立的子嬰,《左傳》說是首止之會後,祭仲"逆鄭子於
陳而立之"③。但是在《繫年》中,則完全沒有提到這位在位長達十四年的
鄭子。《繫年》記載子亹死於首止後,齊襄公"改立厲公,鄭以始正",忽略
了子嬰在位的十四年,似乎與《左傳》、《史記》的記載不符。爲了彌縫《繫
年》所記與傳世文獻的衝突,羅運環先生提出了一種看法,他認爲此句應
在"改立"前以句號斷句,乃是與下文的"楚文王以啓漢陽"貫通④。此說
從簡文的斷讀出發,雖然巧妙地將立厲公之事與齊襄公分隔開來,但仍有
未安之處。因爲從語法上來看,"改立厲公"的"改立"之前還應該是有主
語的。細核史料,《繫年》齊襄公改立厲公的說法大致可靠。《鄭世家》載
首止之會前祭仲請子亹毋行,子亹答："齊強,而厲公居櫟,即不往,是率諸

---

① 《春秋左傳正義》卷7,《十三經注疏》,第1757頁。
② 參見劉文淇:《春秋左氏傳舊注疏證》,第122頁。
③ 《春秋左傳正義》卷7,《十三經注疏》,第1759頁。
④ 羅運環:《清華簡〈繫年〉楚文王史事考論》,清華大學出土文獻研究與保護中心編:《出土文
   獻與中國古代文明——李學勤先生八十壽誕紀念論文集》,上海:中西書局,2016年,第
   222頁。

侯伐我,内厲公。"①説明此時子亹已知齊襄公舉行首止之會的目的在於入鄭厲公。那么既然首止之會中齊國已殺子亹、車輾高之渠彌,就很有可能也做了入厲公的嘗試②。只是由於此時祭仲同時迎立了子嬰,齊國入厲公的計劃没有完全實現,鄭國的形勢也便成了子嬰立於鄭、厲公居於櫟的"二公並立"局面。直到鄭子在位十四年後,鄭厲公串通傅瑕殺鄭子以入鄭,才艱難地完成了復位。但是由於子嬰並非正統,一直未獲得諸侯承認,死後也没有取得謚號③,因而《繫年》就幹脆不記鄭子,於首止之會後就稱厲公居櫟爲"鄭以始正"了。

第二節　昭厲之間的君位爭奪過程

由上文的分析可知,不同史料對鄭國昭厲之間世系記載的混亂,其實僅在於人名用字不同以及基於正統觀念對敘事詳略的取舍。明確了這一認識後,我們再來看昭厲之亂的具體過程就會變得更加清晰。

鄭國自莊公去世至厲公復立,舉凡二十二年,君位五易其手。

(一) 宋迫祭仲逐昭公立厲公

據《春秋》經記載,魯桓公十一年(前701)"夏,五月,癸未,鄭伯寤生卒"④,其後由昭公忽即位。公子忽能够成爲鄭國新君,一方面是由於其太子的身份,另外一方面則是得益於權臣祭仲的擁立。《左傳》云:"初,祭封人仲足有寵於莊公,莊公使爲卿。爲公娶鄧曼,生昭公,故祭仲立

---

① 《史記》卷42《鄭世家》,第1763頁。
② 子居先生也認爲首止之會後齊襄公曾立厲公,見子居:《清華簡〈繫年〉1—4章解析》,清華大學簡帛研究,2012年1月6日。
③ 《左傳》莊公十四年杜注:"鄭子,莊四年稱伯,會諸侯。今見殺,不稱君,無謚者,微弱,臣子不以君禮成喪告諸侯。"
④ 《春秋左傳正義》卷7,《十三經注疏》,第1755頁。

之。"①是祭仲素爲子忽之黨。

　　然而昭公之立，可謂成也祭仲，敗也祭仲。莊公諸子中，另有厲公突驍勇善戰，頗爲得寵。厲公突的生母爲宋國雍氏女，而雍氏又有寵於宋君，宋國看到鄭國新君未定便圖謀改立厲公借機謀利。《史記》詳細記載了宋國迫使祭仲改立厲公的過程：

　　　　宋莊公聞祭仲之立忽，乃使人誘召祭仲而執之，曰："不立突，將死。"亦執突以求賂焉。祭仲許宋，與宋盟。以突歸，立之。昭公忽聞祭仲以宋要立其弟突，九月丁亥，忽出奔衛。己亥，突至鄭，立，是爲厲公。②

《史記》這則記載與《左傳》基本一致。宋國支持厲公是爲了索賄，祭仲改立則是受到了性命要挾。在宋國與祭仲的雙重壓力下，昭公自知不敵，即位僅數月便出奔衛國了。

　　昭公之敗，表面上看是由於宋國的干預以及祭仲的倒戈，實際上卻早有先兆。《左傳》於桓公六年與十一年兩處提到了昭公爲太子時奉命救齊，齊侯欲以女妻之的事。當時祭仲力諫昭公與齊國聯姻，云："必取之，君多内寵，子無大援，將不立，三公子皆君也。"③祭仲此論並非危言聳聽，昭公生母爲鄧國的鄧曼，先前娶妻則爲陳侯之女④，鄧國蕞爾小國，陳國在中原諸侯的夾擊下也是朝不保夕，都不能作爲昭公的強力外援。祭仲説昭公無大援將不立，三公子皆君。此三公子，《史記》明言是"太子忽，其弟突，次弟子亹"⑤，杜預則認爲是子突、子亹、子儀⑥，無論孰是孰非，三公子皆君的預言在後來都得到了應驗⑦。而在昭公與厲公的第一次交鋒

---

①《春秋左傳正義》卷7，《十三經注疏》，第1756頁。

②《史記》卷42《鄭世家》，第1761—1762頁。

③《春秋左傳正義》卷7，《十三經注疏》，第1755—1766頁。

④ 昭公娶妻於陳事，見《左傳》隱公七年。

⑤《史記》卷42《鄭世家》，第1761頁。

⑥《春秋左傳正義》卷7，《十三經注疏》，第1756頁。

⑦《左傳》中的預言數以百計，並大多應驗，蓋出自後人附益。相關討論詳見王和：《論〈左傳〉預言》，《史學月刊》1984年第6期。

中,也正是厲公的母家——強大的宋國助其登上了鄭君之位。

雖然有祭仲的勸誡,但固執的昭公依舊没有結交齊國作爲外援。《左傳》桓公六年記載了昭公兩次拒絶齊侯的説辭:

> 大子忽辭。人問其故,大子曰:"人各有耦,齊大,非吾耦也。詩云:'自求多福。'在我而已,大國何爲?"君子曰:"善自爲謀。"
>
> 及其敗戎師也,齊侯又請妻之,固辭。人問其故,大子曰:"無事於齊,吾猶不敢。今以君命奔齊之急,而受室以歸,是以師昏也。民其謂我何?"遂辭諸鄭伯。①

昭公以"齊大非耦"以及不以"師昏"爲由推辭了齊國聯姻的請求,並認爲君子應自求多福,"在我而已,大國何爲",充分體現了其狂傲自負的性格。昭公剛愎自用,不聽勸諫,即位後在國内有權臣作亂,國外無大國相援,遂導致了第一次爭位的失敗。

昭公狂傲無援以至失國,招致了國人的不滿。《詩經·鄭風》有《有女同車》、《山有扶蘇》、《蘀兮》、《狡童》、《褰裳》、《揚之水》、《出其東門》等七篇時人刺昭公之詩。其中《有女同車》序云:

> 《有女同車》,刺忽也。鄭人刺忽之不昏於齊。太子忽嘗有功於齊,齊侯請妻之。齊女賢而不取,卒以無大國之助,至於見逐,故國人刺之。②

此外,《褰裳》即上博簡《孔子詩論》所評的《涉溱》③,晁福林先生將簡文讀爲"《涉秦(溱)(褰裳)》,其絶附之事",亦是刺昭公不依附齊國之事④。

---

① 《春秋左傳正義》卷6,《十三經注疏》,第1750頁。
② 《毛詩正義》卷4,《十三經注疏》,第341頁。
③ 馬承源主編:《上海博物館藏戰國楚竹書(一)》,第159頁。
④ 晁福林:《英雄氣短:春秋初期社會觀念變遷之一例——上博簡〈詩論〉第29號簡補釋》,《史學月刊》2011年第4期。

（二）祭仲逐厲公立昭公

厲公從昭公手中奪得君位後，處處受祭仲牽制，便有了鏟除祭仲的謀劃。《左傳》桓公十五年載：

> 祭仲專。鄭伯患之，使其婿雍糾殺之。將享諸郊，雍姬知之，謂其母曰："父與夫孰親？"其母曰："人盡夫也，父一而已，胡可比也？"遂告祭仲曰："雍氏舍其室而將享子於郊。吾惑之，以告。"祭仲殺雍糾，屍諸周氏之汪。公載以出，曰："謀及婦人，宜其死也。"①

厲公指使祭仲的女婿雍糾刺殺祭仲，但由於祭仲女兒的告密而泄露。雍糾身死棄市，厲公事敗出奔。《史記》云："祭仲迎昭公忽，六月乙亥，復入鄭，即位。"②昭公在祭仲的迎立下結束了流亡生涯，再一次登上了君位。

厲公在位僅四年便被趕下了臺，除了因爲與專權的祭仲矛盾激化外，還與失去宋國的支持有很大關聯。前文已經提到，宋國之所以助厲公登上君位，很大程度上是由於利益驅使。《左傳》桓公十一年於厲公未立時，已云宋人"執厲公而求賂焉"③。厲公即位後，宋國對鄭國的盤剝更是變本加厲，迫使厲公起兵反擊。《左傳》桓公十三年載："宋多責賂於鄭，鄭不堪命，故以紀、魯及齊，與宋、衛、燕戰。"④按照《春秋》經的説法，此戰是鄭國一方取得了勝利。而到了第二年的冬天，"宋人以諸侯伐鄭，報宋之戰也。焚渠門，入，及大逵。伐東郊，取牛首。以大宮之椽歸，爲盧門之椽"⑤。宋國爲了報復前一年宋之戰的失敗，攻入鄭都取鄭國太廟之椽以爲門椽，可見兩國關係已然惡化。此外厲公被逐後選擇奔蔡而非母家宋國，也説明了他對兩次大戰後宋國是否仍支持自己亦缺乏足够的信心。

---

① 《春秋左傳正義》卷7，《十三經注疏》，第1758頁。
② 《史記》卷42《鄭世家》，第1762頁。
③ 《春秋左傳正義》卷7，《十三經注疏》，第1756頁。
④ 《春秋左傳正義》卷7，《十三經注疏》，第1757頁。
⑤ 《春秋左傳正義》卷7，《十三經注疏》，第1757頁。

（三）高渠彌弑昭公立子亹

　　昭公雖然在祭仲的迎立下復登君位,但没過多久就被鄭國的另一位權卿高渠彌所弑殺。高渠彌殺昭公事,《左傳》《史記》與清華簡《繫年》都有記載,其中以《史記》所見最爲詳盡:

> 　　昭公二年,自昭公爲太子時,父莊公欲以高渠彌爲卿,太子忽惡之,莊公弗聽,卒用渠彌爲卿。及昭公即位,懼其殺己,冬十月辛卯,渠彌與昭公出獵,射殺昭公於野。祭仲與渠彌不敢入厲公,乃更立昭公弟子亹爲君,是爲子亹也,無謚號。①

昭公爲太子時曾勸諫莊公勿以高渠彌爲卿,因而兩人交惡。昭公復位後高渠彌懼其殺己,便先下手爲強弑殺了昭公。《左傳》評價此事曰:“昭公知所惡矣。”②贊揚昭公嫉惡如仇,曾不知招致此禍的恰恰是昭公耿直、狂傲的性格。

　　在上文中,我們已經分析了昭公在拒絶齊侯嫁女時所體現的傲慢。實際上,他在處事時的狂妄自大、無所顧忌不僅見於此事。《左傳》隱公八年載昭公娶妻於陳,“先配而後祖”,亂了禮法,受到了陳大夫鍼子的嚴厲批評③。到了桓公六年,由於不滿班次後於魯,“鄭忽以其有功也,怒,故有郎之師”④。一言不合便興師伐罪,足見其專橫跋扈、不善隱忍的性情。在春秋時期大國相繼代興,卿權逐漸崛起的背景下,昭公這種處事方式必然是難以生存的。

（四）子亹死於首止,祭仲立鄭子嬰

　　昭公被殺後,祭仲與高渠彌不敢入厲公,這當然是由於祭仲逐厲公在

---

① 《史記》卷42《鄭世家》,第1763頁。
② 《春秋左傳正義》卷7,《十三經注疏》,第1759頁。
③ 《春秋左傳正義》卷4,《十三經注疏》,第1733頁。
④ 《春秋左傳正義》卷6,《十三經注疏》,第1750頁。

先,擔心厲公復位後報復。然而受到高渠彌擁立的子亹,也没能逃脱身死國喪的命運。

就在子亹被立剛滿一年的時候,齊襄公會諸侯於首止。關於首止之會,我們首先來看清華簡《繫年》的記載:

> 齊襄公會諸侯于首止,殺子眉壽,車轘高之渠彌,改立厲公,鄭以始正。

在首止之會上,齊襄公殺掉了鄭國的新君子亹,而弑昭公立子亹的高渠彌則被車轘而死。高渠彌弑君,爲人臣之極惡,齊襄公殺之本不足爲奇。至於即位不久的子亹,爲何也不能幸免,最後連諡號都没有留下。對這其中的原故,《鄭世家》中有一則記載:

> 所以然者,子亹自齊襄公爲公子之時,嘗會鬥,相仇,及會諸侯,祭仲請子亹無行。子亹曰:"齊强,而厲公居櫟,即不往,是率諸侯伐我,内厲公。我不如往,往何遽必辱,且又何至是!"①

在司馬遷看來,是齊襄公爲公子時與子亹因鬥毆結下了私仇,故而對其有殺心。實際上,《史記》的這種解釋並不圓滿。事實還應如子亹所分析的那樣,齊侯帥諸侯伐鄭,目的是入厲公復鄭。此時子亹已經即位,入厲公的最好方式當然是得而殺之。

但是齊襄公鏟除了子亹與高渠彌後,並没有如願助厲公復位,使"鄭以始正"。據《左傳》桓公十八年記載,就在子亹死於首止的同時,未赴首止之會的祭仲"逆鄭子於陳而立之"②。祭仲之所以舍近求遠,棄厲公而迎鄭子,當然還是由於雍糾之亂的舊恨。也正是因爲祭仲與厲公的水火

---

① 《史記》卷42《鄭世家》,第1763頁。
② 《鄭世家》云鄭子之立是高渠彌從首止亡歸後與祭仲的共同謀劃,然而《繫年》與《左傳》都言其被齊襄公車轘而死,此處恐是《史記》的誤記。

不容,使祭仲稱疾不赴首止之會,避免了與高渠彌落得同樣的下場。

(五) 厲公殺鄭子復入鄭

在魯桓公十四年(前 697)被逐後,鄭厲公出奔在外長達十七年。他最早流亡到蔡,後又因櫟人殺櫟伯而得以居櫟。按照《史記》的説法,"宋頗予厲公兵,自守於櫟,鄭以故亦不伐櫟"①。此時宋國也原諒了厲公之前興兵討伐的行爲,出兵相援。鄭厲公在諸侯的支持下,在櫟發展勢力,與鄭形成了"大都耦國"的並立局面。《左傳》莊公三年載:"公次於滑,將會鄭伯,謀紀故也。鄭伯辭以難。"杜注云:"厲公在櫟故。"②可見厲公居櫟虎視眈眈,對鄭造成了極大的威脅。

雖然偏居邊邑,但厲公卻從來沒有停止過復鄭的嘗試。魯桓公十四年(前 697)冬天,諸侯就曾"會於袞,謀伐鄭,將納厲公"③。弗克而還後,又於次年春天會於曹,對鄭再行討伐④。魯桓公十八年(前 694)的首止之會,亦是由於齊襄公有內鄭厲公之謀。以上這些嘗試相繼失敗,很大程度上是因爲當時鄭國國內有權臣祭仲、高渠彌支撐。

待到魯莊公十二年(前 682)祭仲死後,厲公終於掃除了復位的最大障礙。魯莊公十四年(前 680),厲公在與鄭子並立了十四年之久後興兵伐鄭,《左傳》載:

> 鄭厲公自櫟侵鄭,及大陵,獲傅瑕。傅瑕曰:"苟舍我,吾請納君。"與之盟而赦之。六月,甲子,傅瑕殺鄭子及其二子,而納厲公。⑤

鄭厲公在傅瑕的裏應外合下歸位於鄭,並殺鄭子及其二子。魯莊公十六年(前 678),又清算參與雍糾之亂者,殺公子閼、刖強鉏,公父定叔出奔。

---

① 《史記》卷 42《鄭世家》,第 1762 頁。
② 《春秋左傳正義》卷 8,《十三經注疏》,第 1763 頁。
③ 《春秋左傳正義》卷 7,《十三經注疏》,第 1758 頁。
④ 《春秋左傳正義》卷 7,《十三經注疏》,第 1758 頁。
⑤ 《春秋左傳正義》卷 9,《十三經注疏》,第 1771 頁。

至此，鄭厲公清除了對其來之不易的君位的所有威脅，鄭國在經歷了二十餘年的動亂後終得"始正"。

實際上，如果不論厲公在君位之爭中的作爲，其人亦可謂雄才大略。早在魯隱公九年（前714），時爲公子的子突就曾獻計大破戎師[1]；魯桓公五年（前707），子突又助莊公逐王於繻葛[2]；待到厲公復位之後，他又平定了王子頽之亂，入惠王於周，在一定程度上恢復了鄭國的政治地位。

第三節　鄭國昭厲之亂起因試析

昭厲之間這場曠日持久的動亂，對後出自周的鄭國造成了沉重的打擊。關於昭厲之亂的起因，《左傳》曾借助一次異象展開分析：

> 初，内蛇與外蛇鬥於鄭南門中，内蛇死。六年而厲公入。
> 公聞之，問於申繻曰："猶有妖乎？"對曰："人之所忌，其氣焰以取之。妖由人興也。人無釁焉，妖不自作。人棄常，則妖興，故有妖。"[3]

在昭厲之亂中，鄭國曾發生了内蛇與外蛇鬥於南門中的異象。魯國大夫申繻以天人感應釋之，認爲"妖由人興"，鄭國的亂象皆是由於"人棄常"造成的。所謂"人棄常"，當然是指鄭國諸公子與權臣的兄弟爭位、以臣弑君的行爲。

新近公布的清華簡《鄭文公問太伯》篇，内容主要是鄭文公與太伯的問對。篇中的太伯爲文公伯父，與昭厲同輩，他在追述昭厲之間的史事時說：

---

① 《春秋左傳正義》卷4，《十三經注疏》，第1734頁。
② 《春秋左傳正義》卷6，《十三經注疏》，第1748頁。
③ 《春秋左傳正義》卷9，《十三經注疏》，第1771頁。

世及吾先君昭公、厲公,抑天也,抑人也,爲是牢鼠不能同穴,朝夕鬥鬩,亦不逸斬伐。

親歷了這場動亂的太伯,發出的"牢鼠不能同穴"的歎息十分值得玩味。他把昭厲之間的亂局歸咎爲"抑天也,抑人也","抑天也"大概是指當時的社會形勢,"抑人也"是說當事人自身也有不可推卸的責任。

如果仔細進行分析,鄭莊公寵溺權臣、處理接班人問題失當,毫無疑問是鄭國内亂的第一責任人。熟悉春秋史的都知道,鄭莊公在位長達四十三年,春秋初年各國幾無出其右者。這當然爲鄭國發展勢力、正東方之諸侯提供了有利條件,但也爲後來的群公子爭位埋下了禍根。莊公在世時,祭仲對昭公的勸諫裏便特別强調了"君多内寵"。是時祭仲已然洞悉"君多内寵"是鄭國政治局勢中的不穩定因素。據《左傳》記載,魯莊公十四年(前680)厲公復位時,"莊公之子猶有八人"[①]。這八人中已經不包括死難的昭公、子亹、子儀以及在位的厲公,但餘者也均非等閑之輩。可考者如公子語,其後代子人氏世爲鄭國權卿;又如公子素[②],文公時曾作《清人》詩諷高克。莊公死時已近六十歲,他的十二個兒子都值青壯,又隨莊公征戰多年各自培植了羽翼。莊公雖已選定昭公爲繼承人,但卻未爲其掃除群公子的威脅,留下了"匹嫡"的亂本。

我們知道,莊公即位初年鄭國曾發生了共叔段之亂。莊公母弟叔段在武姜的支持下謀鄭,莊公沒有第一時間處置,遂導致兄弟鬩牆。清人高士奇批評莊公説:

鄭莊公,春秋諸侯中梟雄之姿也,其陰謀忮忍,先自剪弟始,而後上及於王,下及於四鄰與國。夫兄弟一本,天屬最親,而養驕長惡,以行其芟夷之技……然而不能崇固國本。内多寵嬖。三公子皆疑於君,至忽、突、子亹、子儀之際,争弑禍興,國内大亂,則皆陰謀忮忍之

① 《春秋左傳正義》卷9,《十三經注疏》,第1771頁。
② 公子素爲莊公子,爲陳鱣《詩人考》之説,見劉文淇:《春秋左氏傳舊注疏證》,第168頁。

所積有以取之，而後知天道之不誣也……厲公存共叔之後，以其篡逆
之氣類同也。然而君子原四公子之禍，未嘗不追恨於莊公也。①

高士奇將昭厲之亂的原因追溯到莊公處理叔段之亂的失當，並認爲厲公
等人與共叔段“篡逆之氣類同也”。實際上，莊公多內寵以及叔段之亂的
餘毒或許多少會影響厲公等人的心態，但昭厲之亂更深層次的原因仍是
春秋時期劇烈變遷的社會形勢。

　　眾所周知，春秋時代是中國古代社會變革最迅猛的時期之一。西周
一代實行了三百年的宗法制在此時崩潰，昔日如日中天的王權開始逐漸
下移，君權與卿權此消彼長。這當然是“‘宗法封建制’發展之必然結
果”②，但變革過程中的權力鬥爭亦是異常激烈。特別是在春秋早期，諸
侯之間的兼並戰爭與諸侯國內部的政治鬥爭尤其頻繁。顧棟高總結春秋
早期的時勢説：

　　　　《春秋》二百四十二年，時勢凡三大變。隱、桓、莊、閔之世，伯事
　　未興，諸侯無統，會盟無信，征伐屢興，戎、狄、荆楚交熾，賴齊桓出而
　　後定。③

在這一時期，周室王子爭王位、諸侯公子爭君位之事屢見不鮮，可謂“社稷
無常奉，君臣無常位”④。在廢立過程中，臣弒其君者有之，子弒其父者有
之，驅逐弒殺時常發生。如魯隱公時期有衛州吁弒其君完，魯桓公時期有
曲沃武公誘殺晉小子侯，魯莊公時期有齊公孫無知殺其君諸兒。由此可
見，鄭國昭厲之間的君位之爭，只是春秋前期激烈政治鬥爭的一個縮影。
　　除了圍繞著君位的爭奪外，這一時期諸侯國的另外一個突出的政治

―――――――――

① 高士奇：《春秋紀事本末》，北京：中華書局，2015 年，第 606—607 頁。
② 童書業語，見氏著《春秋左傳研究》，第 87 頁。
③ 顧棟高：《春秋大事表》，第 33 頁。
④ 《春秋左傳正義》卷 53，《十三經注疏》，第 2128 頁。

特徵就是卿權開始上行。雖然世卿擅權的局面要到春秋後期才完全形成①,但此時的卿大夫也已經有了相當大的權力。鄭國祭仲、高渠彌等人能夠擅權弒君,左右君位,很大程度上也是由於春秋時期"政逮於大夫"局勢的出現。

在兩周之際的混亂局面中立國的鄭國,有著重用大夫執政的傳統。清華簡《鄭文公問太伯》篇中,太伯追述鄭國開國之君桓公的功績説:

> 昔吾先君桓公,後出自周,以車七乘,徒三十人,鼓其腹心,奮其股肱。

對於隨桓公東遷的大臣,清華簡的《良臣》篇有一則記載:"鄭桓公與周之遺老:史伯、宦仲、虢叔、杜伯,後出邦。"②《良臣》所舉的史伯、宦仲等周之遺老,便是太伯所説"徒三十人"的重要組成部分。隨桓公出邦建鄭的這些大夫,後來在輔佐鄭君治理鄭國的過程中也起到了重要作用。《左傳》莊公十四年載鄭厲公復入鄭後勸降大夫原繁,原繁對曰:"先君桓公,命我先人典司宗祏。"③可見在莊公及昭厲間長期爲鄭卿的原繁,亦是鄭國建國元老的後人。

繼桓公而立的武公,延續了先君重用大夫的做法。清華簡《鄭武夫人規孺子》篇中,武姜對新即位的莊公進行規誡時提到:

> 昔吾先君,如邦將有大事,必再三進大夫而與之偕圖……吾君陷於大難之中,處於衛三年,不見其邦,亦不見其室。如毋有良臣,三年無君,邦家亂也。自衛與鄭若卑耳而謀。今是臣臣,其何不保? 吾先君之常心,其何不遂?

---

① 相關研究參見晁福林:《論周代卿權》,《中國社會科學》1993 年第 6 期。
② 清華大學出土文獻研究與保護中心編,李學勤主編:《清華大學藏戰國竹簡(三)》,第157 頁。
③ 《春秋左傳正義》卷 9,《十三經注疏》,第 1771 頁。

武姜追憶武公往事，言其曾處衞三年，幸得良臣在鄭治國，才使得邦家未亂。莊公即位後果然發揚了鄭國在桓、武時期的傳統，重用大夫執政。在平定叔段之亂以及與周王戰於繻葛時，莊公身邊的公子吕、祭仲、原繁、潁考叔、泄駕、高渠彌等卿大夫都發揮了至關重要的作用。也正是由於莊公對權臣的寵信，才使得祭仲、高渠彌等人權傾朝野，主導了昭厲之亂。

昭厲之禍，之所以延綿二十餘年，罪責首推祭仲。

按照《左傳》的説法，祭仲是"祭封人"。"祭"地在今鄭州附近①，爲周公後人所封。杜注云："封人，守封疆者，因以所守爲氏。"②説祭仲是看守封地的小官，由此得氏。但是從他的女兒雍姬爲姬姓來看，祭仲也有可能是祭公之後。祭仲由於有寵於莊公，被任命爲卿。《史記·十二諸侯年表》曾説："鄭莊公寤生元年祭仲生。"③而據《左傳》隱公元年載，莊公即位元年封叔段於京時祭仲已有進諫，可見《史記》此説有誤。顧棟高作《春秋鄭執政表》，將祭仲始任執政卿定在莊公元年④，大致是將《史記》所誤的"祭仲生"理解爲了"祭仲任卿"。如果我們承認祭仲是在鄭子十二年（前 682）去世時才去卿位，那麼他擔任鄭國執政卿的時間就長達 62 年，輔佐了莊公、昭公、厲公、子亹、子儀共五位國君。

祭仲之所以能够長時間把持鄭國卿權，除了有寵於莊公外，其本人頗具權謀也是重要原因。莊公封段於京時，祭仲就指出了其"耦國"的危害，並建議莊公"早爲之所"；莊公戰桓王於繻葛時，祭仲自領一軍拒之，得勝後又奉命勞王；昭公辭婚於齊時，祭仲能看出來其中的利害，力諫昭公"必取之"。莊公之時，祭仲作爲執政卿很好地做到了勤政奉公。而到了莊公死後，祭仲的所作所爲則盡是化公爲私了。昭公初立時，他因受到宋國的威脅就改立了昭公。後來由於專權與厲公產生了矛盾又放逐了厲公。至於之後立子亹、子儀，也都是出於怕受到厲公的報復而爲之。祭仲擅弄權，

① 最近有學者將鄭州的祭城鎮古城與"祭"地聯繫起來，可參看顧萬發：《鄭州祭城鎮古城考古發現及相關問題初步研究》，《華夏考古》2015 年第 3 期。
② 《春秋左傳正義》卷 7，《十三經注疏》，第 1756 頁。
③ 《史記》卷 14《十二諸侯年表》，第 541 頁。
④ 顧棟高：《春秋大事表》，第 1896 頁。

還在於他處事十分小心謹慎。首止之會,祭仲料到凶多吉少,便稱疾不往,最終"以知免"。面對這樣一位老謀深算的權臣,莊公諸子自然是難以匹敵,一直到祭仲死後,被祭仲趕出鄭國十七年的厲公才有機會入鄭復位。

《詩經·鄭風》有《狡童》篇,《詩序》云:"《狡童》,刺忽也。不能與賢人圖事,權臣擅命也。"①可見時人對祭仲的擅權已十分不滿。清人高士奇評價祭仲則更爲嚴厲,他説:

> 祭仲者,忽之所依爲腹心者也。古有"托六尺之孤、寄百里之命、臨大節而不可奪"者,仲見執於宋,遽歸而立厲公,逐昭公,又復以專見忌,出厲公而納昭公,反面事仇,行同狗彘。②

另一位在昭厲之亂中作亂的權臣高渠彌,也是在莊公時就開始擔任鄭國卿士。早在莊公命其爲卿時,昭公就已對他心生厭惡,並勸莊公勿以之爲卿。果不其然,高渠彌在昭公第二次在位時便做出了弒君的行爲。若説祭仲弄權"反面事仇,行同狗彘",而高渠彌弒君則可謂罪大惡極。孔穎達云:"弒君者,人臣之極惡也。昭公惡其人,其人果行大惡。"③此外,殺鄭子而迎厲公入鄭的傅瑕,爲鄭子之卿而有二心,也作出了弒君的行爲。

《鄭風》的《揚兮》也是因昭厲之亂而作,其序云:"刺忽也。君弱臣強,不倡而和也。"④君弱臣強是春秋時期各國的普遍狀況。鄭國的昭厲之亂,正是由於祭仲、高渠彌等權臣的推波助瀾,才經歷如此之久的波折。

第四節　昭厲之亂對鄭國的影響

昭厲之間圍繞著君位爭奪出現的長達二十餘年的亂局,是鄭國由盛

---

① 《毛詩正義》卷4,《十三經注疏》,第342頁。
② 高士奇:《春秋紀事本末》,第606—607頁。
③ 《春秋左傳正義》卷7,《十三經注疏》,第1759頁。
④ 《毛詩正義》卷4,《十三經注疏》,第342頁。

轉衰的重要誘因。司馬遷在《太史公自序》中感歎道"祭仲要盟，鄭久不昌"①，敏鋭地指出了昭厲之亂對鄭國國勢走向的影響。

《詩經·鄭風·出其東門》序云："《出其東門》，閔亂也。公子五争，兵革不息，男女相棄，民人思保其室家焉。"②昭厲之間的"公子五争"持續了二十餘年，朝夕鬥鬩、不遑斬伐，嚴重削弱了鄭國的國力，使其失去了與秦、晉、齊、楚等大國争霸的資本。

清人顧棟高評價這段歷史時説："入春秋後，莊公以狙詐之姿，倔强東諸侯間。是時楚僻處南服，而晉方内亂，莊公與齊、魯共執牛耳。其子昭公、厲公，俱梟雄絶人。使其兄弟輯睦，三世相繼，鄭之圖伯爲可知也。"③韓席《春秋左傳分國集注》也説："子忽長而賢，莊公在時已立爲大子矣。倘突不争，則忽之立名正言順，亹儀未嘗生心也。以忽之英賢，繼莊公之强，内亂不作，四鄰交輔，則春秋之霸局，不待桓文而後見，何至齊楚交伐，男女相棄，室家莫保也哉！"④鄭國占據天時、地利，"縱横一時，幾於霸主"⑤，卻由於自身的内亂未能稱霸諸侯，令人不禁扼腕。

---

① 《史記》卷 130《太史公自序》，第 3310 頁。
② 《毛詩正義》卷 4，《十三經注疏》，第 345 頁。
③ 顧棟高：《春秋大事表》，第 536 頁。
④ 韓席：《春秋左傳分國集注》，南京：江蘇人民出版社，1963 年，第 503 頁。
⑤ 童書業語，見氏著《春秋左傳研究》，第 313 頁。

第四章

居大國之間而從於強令:
大國爭霸中的鄭國外交

　　鄭國在經歷了持續二十餘年的昭厲之亂後,失去了春秋前期一等大國的地位。自文公至簡公的百餘年裏,只能首鼠於秦、晉、齊、楚等大國之間。在春秋時期列強爭霸的局勢下,歷代鄭君采取了靈活多變的外交策略,遂保"國小而逼"①的鄭國終春秋一世而不被滅。囿於材料的限制,過去學界對這段歷史的關注度不高②,幸得近年來上博簡、清華簡等相關新史料的不斷揭示,為我們重新認識這一問題提供了新的可能③。本章將借助新出土文獻對這一時期鄭國的相關史事進行重新梳理,並嘗試就鄭國對國際形勢的影響展開初步探討。

第一節　背楚事晉:城濮之戰前後的鄭國

　　《史記·周本紀》載,平王東遷後"諸侯強並弱,齊、楚、秦、晉始大,政

---

① 《左傳》襄公三十年鄭子產語,見《春秋左傳正義》卷40,《十三經注疏》,第2013頁。
② 相關研究有劉志玲:《論春秋時期鄭國的外交政策》,《鄂州大學學報》2002年第4期;李勝振:《晉楚霸業之爭與鄭國、宋國的悲劇》,碩士學位論文,陝西師範大學,2006年;梁霞:《春秋時期鄭國外交研究》,碩士學位論文,山東大學,2009年;任中峰:《春秋時期鄭國的國際會盟策略》,《鹽城師範學院學報(人文社會科學版)》2016年第2期。
③ 清華簡《繫年》公布後,代生、張少筠兩位先生撰有《清華簡〈繫年〉所見鄭國史初探》(《中南大學學報(社會科學版)》2015年第3期)一文專論《繫年》中的鄭國史事,對大國爭霸下的鄭國雖有論及,可惜稍嫌簡略。

由方伯"[1]。周室方衰，群雄逐鹿，大國争霸成爲春秋時期的主題。地處天下之中的鄭國，自然淪爲列國圖霸中原的必争之地。顧棟高《春秋大事表》引卓爾康語云："陳、鄭、許皆在河南爲要樞，鄭處其西，宋處其東，陳其介乎鄭、宋之間。得鄭則可以致西諸侯，得宋則可以致東諸侯。"[2]春秋時期的霸主中，齊國西進、秦晉東征、楚國北上，都必須經過鄭國，正可謂四戰之地。因而鄭國的依附，對大國的稱霸就顯得尤爲重要。

在鄭文公即位初期，由於此時齊桓公霸業初成，鄭國是與齊國結盟的。《左傳》莊公二十七年（前 667）載，齊國與諸侯"同盟於幽，陳、鄭服也"[3]。但是到了魯僖公十八年（前 642），齊桓公死後齊國出現了六子争立的内亂，鄭國審時度勢，背齊而"始朝於楚"[4]。鄭國依附於楚，除了與齊國决裂，與另外一個大國晉國也要劃清界限。清華簡《繫年》第六章載晉文公爲公子時流亡適鄭，"鄭人弗善"。傳世文獻對此事的記載更爲詳細，《史記·晉世家》云：

> 過鄭，鄭文公弗禮。鄭叔瞻諫其君曰："晉公子賢，而其從者皆國相，且又同姓。鄭之出自厲王，而晉之出自武王。"鄭君曰："諸侯亡公子過此者衆，安可盡禮！"叔瞻曰："君不禮，不如殺之，且後爲國患。"鄭君不聽。[5]

在《史記》的記載中，叔瞻曾建議鄭文公善待重耳。在叔瞻看來，重耳有歸國爲君的可能，而且晉、鄭都是姬姓，又有助平王東遷的同儕之誼，對晉國流亡的公子理應善待。大概是迫於楚國的壓力，鄭文公並没有容留這位同姓，重耳在鄭國碰壁後只能繼續流亡他國。

清華簡《鄭文公問太伯》篇記載了鄭文公與大夫太伯的問對，篇中太

---

① 《史記》卷 4《周本紀》，第 149 頁。
② 顧棟高：《春秋大事表》，第 1997 頁。
③ 《春秋左傳正義》卷 10，《十三經注疏》，第 1780 頁。
④ 《春秋左傳正義》卷 14，《十三經注疏》，第 1809 頁。
⑤ 《史記》卷 39《晉世家》，第 1659 頁。

伯勸諫文公不要沉迷女色,曰:

> 不能慕吾先君之武徹莊功,抑淫媱於康,獲彼荊寵,爲大其宮,君
> 而狎之,不善哉!

太伯口中的這位"荊寵",李學勤先生推測其爲《左傳》僖公二十二年的
"文羋",也就是僖公三十三年的"文夫人"[①],是很正確的意見。鄭文公與
楚國聯姻,並對文羋的專寵,也從側面印證鄭國此時與楚國的密切關係。

衆所周知,楚國此時在位的楚成王,一直有稱霸中原之心。而楚國爭
霸的第一步,便是北上圍宋伐齊。清華簡《繫年》第七章載:

> 晉文公立四年,楚成王率諸侯以圍宋伐齊,寇穀居緡。

實際上,楚國與魯國圍緡取穀事在晉文公三年,楚國率諸侯圍宋是在次
年。《左傳》僖公二十六年記載了晉文公三年楚成王圍宋伐齊之事:

> 宋以其善於晉侯也,叛楚即晉。冬,楚令尹子玉、司馬子西帥師
> 伐宋,圍緡。公以楚師伐齊,取穀。[②]

楚成王因宋國背楚事晉而興兵討伐,圍宋之緡地。與此同時,魯僖公以楚
師伐齊,取得了齊國的穀城。《繫年》將此戰記爲晉文公四年事,是混淆
了晉文公三年與四年楚國分別主導的兩次圍宋。《繫年》説的"晉文公立
四年,楚成王率諸侯以圍宋伐齊",應即僖公二十七年《春秋》經所云:
"冬,楚人、陳侯、蔡侯、鄭伯、許男圍宋。"[③]可見鄭國是參與了晉文公四年
楚國第二次圍宋的。

---

① 李學勤:《有關春秋史事的清華簡五種綜述》,《文物》2016 年第 3 期。
② 《春秋左傳正義》卷 16,《十三經注疏》,第 1822 頁。
③ 《春秋左傳正義》卷 16,《十三經注疏》,第 1822 頁。

《繫年》載楚成王圍宋伐齊後，晉文公與秦師圍曹及五鹿，以解齊、宋之圍。在晉與秦的逼迫下，楚王不得不"舍圍，歸居方城"。楚國雖然引兵退歸，但並未就此罷休。當年四月，楚國令尹子玉率軍與晉國集團戰於城濮。關於城濮之戰的參戰雙方，傳世文獻的相關記載爲：

　　《春秋》：夏四月己巳，晉侯、齊師、宋師、秦師及楚人戰於城濮。①

　　《左傳》：夏四月戊辰，晉侯、宋公、齊國歸父、崔夭、秦小子憖次於城濮。②

　　《晉世家》：四月戊辰，宋公、齊將、秦將與晉侯次城濮。③

傳世文獻僅闡明了晉國一方有晉、齊、宋、秦參戰，對楚國一方則沒有詳述。《繫年》云："令尹子玉遂率鄭、衛、陳、蔡及群蠻夷之師以交文公，文公率秦、齊、宋及群戎之師以敗楚師於城濮。"可見楚國一方的鄭國與衛、陳、蔡以及群蠻夷也都參加了這場大戰。

　　鄭國除了派軍參戰外，在城濮之戰前也十分活躍。除了上文所述的晉文公四年隨楚參與了圍宋的行動外，五年又入楚勞師。《左傳》僖公二十八年載，城濮之戰前三個月"鄭伯如楚致其師"④。晉文公五年的城濮之戰，戰場雖在衛地，戰火亦殃及鄭國本土。《國語·晉語》記載了晉國在城濮之戰前後的行軍路線：

　　遂伐曹、衛，出穀戌，釋宋圍，敗楚師於城濮，於是乎遂伯。⑤

《韓非子·外儲説右上》更爲詳盡，云：

_____

① 《春秋左傳正義》卷16，《十三經注疏》，第1823頁。
② 《春秋左傳正義》卷16，《十三經注疏》，第1825頁。
③ 《史記》卷39《晉世家》，第1665頁。
④ 《春秋左傳正義》卷16，《十三經注疏》，第1825頁。
⑤ 徐元誥：《國語集解》，第364頁。

　　文公見民之可戰也,於是遂興兵伐原,克之。伐衞,東其畝,取五鹿,攻陽、勝虢,伐曹,南圍鄭,反之陴,罷宋圍,還與荆人戰城濮,大敗荆人,返爲踐土之盟,遂成衡雍之義。①

據此,則晉國伐曹之後,與楚戰於城濮前,還曾“南圍鄭,反之陴”。清華簡《晉文公入於晉》篇記載晉文公霸業時説:

　　元年克原,五年啓東道,克曹、五鹿,敗楚師於城濮,成宋,圍許,反鄭之陴,九年大得河東之諸侯。②

《晉文公入於晉》把“成宋”與“反鄭之陴”放在“敗楚師於城濮”大概是一種約略的説法,不一定嚴格遵照了事情發生的先後順序。因爲《左傳》記載城濮之戰後鄭國一個月内兩盟於楚,兩國短期内不當再有戰事。

　　對於城濮戰前晉國的這次圍鄭,《國語·晉語》有詳細記載:

　　文公誅觀狀以伐鄭,反其陴。鄭人以名寶行成,公弗許,曰:“予我詹而師還。”詹請往,鄭伯弗許,詹固請曰:“一臣可以赦百姓而定社稷,君何愛於臣也?”鄭人以詹予晉,晉人將烹之。詹曰:“臣願獲盡辭而死,固所願也。”公聽其辭。詹曰:“天降鄭禍,使淫觀狀,棄禮違親。臣曰:‘不可。夫晉公子賢明,其左右皆卿才,若復其國,而得志於諸侯,禍無赦矣。’今禍及矣。尊明勝患,智也。殺身贖國,忠也。”乃就烹,據鼎耳而疾號曰:“自今以往,知忠以事君者,與詹同。”乃命弗殺,厚爲之禮而歸之。鄭人以詹爲將軍。③

---

① 王先慎:《韓非子集解》,第328—329頁。
② 清華大學出土文獻研究與保護中心編,李學勤主編:《清華大學藏戰國竹簡(柒)》,上海:中西書局2017年,第101頁。
③ 徐元誥:《國語集解》,第328—329頁。

在《國語》看來，晉文公伐鄭乃"誅觀狀"，就是顧盼於大國之間的行爲。並且晉國向鄭國索要叔詹，也有報復重耳出奔過鄭不得禮遇的意味在裏面。實際上，鄭國招致此圍，還是由於對楚的依附。《左傳》載晉文公五年三月入曹，四月敗楚師於城濮。鄭國"如楚致其師"事在城濮戰前三月，也在此年。晉文公入曹後立即揮師圍鄭，也是對鄭國不久前慰問楚師行爲的警告。然而晉文公"南圍鄭，反之陴"，並沒有起到多少效果，一個月後的城濮之戰，鄭國還是站在了楚國一邊。

鄭國對晉國態度的真正轉變，是在楚國敗於城濮之後。《繫年》載城濮之戰後，晉國"遂朝周襄王於衡雍，獻楚俘馘，盟諸侯於踐土"，也就是所謂的"踐土之盟"。這其中雖未提及鄭國，但衡雍與踐土，卻都是鄭地。

《左傳》僖公二十八年記載踐土之盟，曰：

> 晉師三日館穀，及癸酉而還。甲午，至於衡雍，作王宮於踐土。
> 鄉役之三月，鄭伯如楚致其師。爲楚師既敗而懼，使子人九行成於晉。晉欒枝入盟鄭伯。五月丙午，晉侯及鄭伯盟於衡雍。①

鄭國由於擔心在城濮之戰中的行爲遭到晉國報復，便借助地主之宜，在五月丙午先與晉侯盟於衡雍。《春秋》經又云："五月癸丑，公會晉侯、齊侯、宋公、蔡侯、鄭伯、衛子、莒子，盟於踐土。"②到了五月癸丑這天，鄭國再次參加了晉國與諸侯的踐土之盟。當年冬天，鄭國又參加了晉國召集的溫之盟，隨其討伐衛、許。

第二節　降秦不降晉：鄭國與秦晉關係

城濮之戰後的三次會盟，並沒有促使鄭國衷心事晉。就在踐土之盟

---

① 《春秋左傳正義》卷16，《十三經注疏》，第1825頁。
② 《春秋左傳正義》卷16，《十三經注疏》，第1823頁。

的第二年,《左傳》載:"夏,公會王子虎、晉狐偃、宋公孫固、齊國歸父、陳
轅濤塗、秦小子憖,盟於翟泉,尋踐土之盟,且謀伐鄭也。"①晉文公盟諸侯
於翟泉,計劃對鄭國再行討伐。又過一載,"晉侯、秦伯圍鄭,以其無禮於
晉,且貳於楚也"②。"無禮於晉"是指晉文公流亡過鄭時,"貳於楚"說的
還是城濮時鄭國助楚之事。即便出師另有其名,但晉國在兩年內兩次伐
鄭,其目的還是在於逼迫鄭國徹底臣服。

對於晉文公七年的這次圍鄭,清華簡《繫年》記載較爲簡略,僅云:
"秦、晉圍鄭,鄭降秦不降晉,晉人以不憖。""不憖"即"不悦",秦晉兩國共
同起師,而秦國單獨受降,當然會招致晉國的不滿。直至多年後的晉厲公
年間,晉人還以此事痛斥秦國失信,云:"我文公帥諸侯及秦師圍鄭,秦大
夫不詢與我寡君,擅及鄭盟。諸侯疾之,將致命於秦。"③秦國之所以棄約
背盟,是由於鄭大夫燭之武的勸說。《左傳》僖公三十年載:

> 見秦伯曰:"秦、晉圍鄭,鄭既知亡矣。若亡鄭而有益於君,敢以
> 煩執事。越國以鄙遠,君知其難也,焉用亡鄭以陪鄰?鄰之厚,君之
> 薄也。若舍鄭以爲東道主,行李之往來,共其乏困,君亦無所害。且
> 君嘗爲晉君賜矣,許君焦、瑕,朝濟而夕設版焉,君之所知也。夫晉何
> 厭之有?既東封鄭,又欲肆其西封。不闕秦,將焉取之?闕秦以利
> 晉,惟君圖之。"④

燭之武以鄭國滅亡厚利於晉而無利於秦爲説,勸導秦穆公勿使晉國
坐大而成爲秦國的大患,無疑是切中時局之論。此時秦晉雖因秦納晉文
公事修好,但晉國作爲秦國東進的最大障礙,兩國終究是大國爭霸中的直
接對手。正因如此,聽了燭之武這番話後,"秦伯説,與鄭人盟,使杞子、逢

---

① 《春秋左傳正義》卷 17,《十三經注疏》,第 1830 頁。
② 《春秋左傳正義》卷 17,《十三經注疏》,第 1830 頁。
③ 《春秋左傳正義》卷 27,《十三經注疏》,第 1911—1912 頁。
④ 《春秋左傳正義》卷 17,《十三經注疏》,第 1831 頁。

孫、楊孫戍之，乃還"①。

鄭國"降秦不降晉"，與秦國結盟，當然是晉國最不願意看到的結果。但是此次圍鄭，晉國也並非一無所獲。《左傳》載：

> 初，鄭公子蘭出奔晉，從於晉侯伐鄭，請無與圍鄭。許之，使待命於東。鄭石甲父、侯宣多逆以爲大子，以求成於晉，晉人許之。②

晉國以立出奔晉的鄭公子蘭爲太子作爲退兵的條件，避免了鄭國完全落入秦人之手。雖然秦晉各有所獲，但兩國的矛盾也徹底暴露出來，童書業先生評價此事說："圍鄭之役卻成了文公復國以後秦晉兩國決裂的先聲。"③

秦穆公與鄭國盟誓後留下了杞子等人戍鄭，表面上是爲了保衛鄭國免受晉國侵擾，實際上則爲鄭國的安全留下了大患。

《左傳》僖公三十二年載：

> 杞子自鄭使告於秦曰："鄭人使我掌其北門之管，若潛師以來，國可得也。"④

《繫年》所記與之略同：

> 鄭人屬北門之管於秦之戍人，秦之戍人使人歸告曰："我旣得鄭之門管矣，來襲之。"

《左傳》與《繫年》皆云秦國的戍人掌管了鄭國城門的鑰匙，便招穆公

---

① 《春秋左傳正義》卷17，《十三經注疏》，第1831頁。
② 《春秋左傳正義》卷17，《十三經注疏》，第1831頁。
③ 童書業：《春秋史》，上海：上海古籍出版社，2010年，第161頁。
④ 《春秋左傳正義》卷17《十三經注疏》，第1832頁。

來攻。實際上,以此爲機遇襲鄭並不合理,就像蹇叔勸穆公時説的那樣:
"且行千裏,其誰不知?"①秦國之所以於此時襲鄭,《史記·晉世家》分析
得最爲透徹:"是歲鄭伯亦卒。鄭人或賣其國於秦,秦繆公發兵往襲
鄭。"②此年鄭文公去世,親善晉國的鄭穆公即位,秦國爲了保障其在鄭國
的利益不被晉國侵占,才乘穆公立足未穩而起師襲鄭。

正像蹇叔所説,秦國勞師遠征,其行蹤難免會有泄露。《左傳》僖三
十三年載:

> 及滑,鄭商人弦高將市於周,遇之,以乘韋先,牛十二犒師,曰:
> "寡君聞吾子將步師出於敝邑,敢犒從者。不腆敝邑,爲從者之淹,居
> 則具一日之積,行則備一夕之衛。"且使遽告於鄭。鄭穆公使視客館,
> 則束載、厲兵、秣馬矣。使皇武子辭焉,曰:"吾子淹久於敝邑,唯是脯
> 資、餼牽竭矣,爲吾子之將行也,鄭之有原圃,猶秦之有具圃也,吾子
> 取其麋鹿,以間敝邑,若何?"杞子奔齊,逢孫、楊孫奔宋。孟明曰:
> "鄭有備矣,不可冀也。攻之不克,圍之不繼,吾其還也。"滅滑
> 而還。③

《繫年》載:

> 秦師將東襲鄭,鄭之賈人弦高將西市,遇之,乃以鄭君之命勞秦
> 三帥,秦師乃復,伐滑,取之。

秦國軍隊在東進的路上遇到了鄭國商人弦高。弦高假稱鄭君之命勞
秦軍,使其以爲鄭國有備,遂退秦軍。弦高作爲一介平民,甘願救國於危
難,大概與鄭國重商的傳統也有關聯。《左傳》昭公十六年載子產語:"昔

---

① 《春秋左傳正義》卷 17,《十三經注疏》,第 1832 頁。
② 《史記》卷 39《晉世家》,第 1669—1670 頁。
③ 《春秋左傳正義》卷 17,《十三經注疏》,第 1833 頁。

吾先君桓公與商人皆出自周。"①商人西周末年隨桓公東遷至鄭，足見與
鄭國的密切關係。

　　新即位的鄭君穆公雖然在商人的幫助下躲過了秦國的偷襲，但是其
與晉國的關係還同時招來了楚國的敵視。鄭國在鄭穆公即位後，終於背
楚事晉。就在穆公元年，《左傳》載"晉、陳、鄭伐許，討其貳於楚也。楚令
尹子上侵陳、蔡。陳、蔡成，遂伐鄭，將納公子瑕"②。鄭國隨晉國伐許，楚
國爲了報復遂侵鄭，意欲改立公子瑕。雖然最終楚國的計劃沒有成功，但
也充分反映了此時在秦、晉、楚三國夾縫中生存的鄭國的窘境。

　　秦國東征千里，沒有在鄭國討到便宜，便乘晉文公新喪而取了晉國的
滑地。晉國新君襄公怒而發兵，與秦軍戰於殽。《繫年》載其事云：

　　　　晉文公卒，未葬，襄公親率師禦秦師於崤，大敗之。秦穆公欲與
　　楚人爲好，乃脫申公儀使歸求成。秦焉始與晉執怨，與楚爲好。

　　秦國在殽之戰被晉國打敗，"焉始與晉執怨"，秦晉聯盟在此時正式
瓦解。《左傳》襄公十四年評價此事時説："昔文公與秦伐鄭，秦人竊與鄭
盟，而舍戍焉，於是乎有殽之師。"③是將殽之戰秦與晉的決裂追溯到了三
年前共同圍鄭之事。實際上，也正是由於秦、晉兩國在擴張過程中對鄭國
的利益分歧，最終導致了兩國反目成仇。

第三節　與其來者，唯強是從：
　　　　　　鄭國與晉楚關係

　　殽之戰後，秦國爲了制衡得勝的晉國，放歸了楚國的申公子儀，以與

---

① 《春秋左傳正義》卷47，《十三經注疏》，第2080頁。
② 《春秋左傳正義》卷17，《十三經注疏》，第1834頁。
③ 《春秋左傳正義》卷32，《十三經注疏》，第1956頁。

楚國修好。清華簡的《子儀》篇詳細記載了秦穆公放歸子儀前與他的對話,篇中就有秦穆公直抒胸臆之語:"君及不穀專心戮力,以左右諸侯,則何爲而不可。"子儀也答應他説:"臣其歸而言之。"①可見此時秦國聯楚抗晉的迫切。秦國敗於殽後再無力爭霸,紛繁複雜的國際局勢逐漸演變成了晉楚兩國的抗衡。

童書業説"晉、楚兩國的歷史是一部《春秋》的中堅",②而在晉楚爭霸的近百年間,鄭國也從未缺席。《左傳》襄公九年記載了鄭公子騑的一段話,其云:"天禍鄭國,使介居二大國之間。大國不加德音,而亂以要之,使其鬼神不獲歆其禋祀,其民人不獲享其土利,夫婦辛苦墊隘,無所底告。"③道出了鄭國夾居大國之間的無奈。

從殽之戰(前627)到晉楚第二次弭兵(前546)的80餘年間,鄭國忽晉忽楚,從未長時間專事一國。

《繫年》第十一章記載了鄭穆公十一年參與了楚國召集的厥貉之會:

> 楚穆王立八年,王會者諸侯於厥貉,將以伐宋,宋右師華孫元欲勞楚師,乃行。穆王使驅孟諸之麋,徒之徒菑。宋公爲左盂,鄭伯爲右盂。

《左傳》文公十年則云:

> 陳侯、鄭伯會楚子於息。冬,遂及蔡侯次於厥貉,將以伐宋。
> 宋華御事曰:"楚欲弱我也,先爲之弱乎?何必使誘我?我實不能,民何罪?"乃逆楚子,勞且聽命。遂道以田孟諸。宋公爲右盂,鄭伯爲左盂。期思公復遂爲右司馬,子朱及文之無畏爲左司馬,命夙駕載燧。④

① 清華大學出土文獻研究與保護中心編,李學勤主編:《清華大學藏戰國竹簡(陸)》,第128—129頁。
② 童書業:《春秋史》,第182頁。
③ 《春秋左傳正義》卷30,《十三經注疏》,第1943頁。
④ 《春秋左傳正義》卷19,《十三經注疏》,第1848頁。

將兩條材料合觀,差異主要有兩處:一是《繫年》云事在楚穆王八年,
依《左傳》則在九年。此處《繫年》恐是誤記,孫飛燕先生已有詳辨①。二
是在楚穆王的這場田獵中,據《繫年》載宋公爲左盂,鄭伯爲右盂,《左傳》
則與之相反。王紅亮先生已指出若"宋公爲右盂",與"文之無畏爲左司
馬"不得謂"當官而行"②,因而《繫年》所記應該更符合事實。

鄭穆公爲晉國所擁立,即位後長期依附於稱霸中原的晉襄公,此時爲
何又會"會楚子於息",並在厥貉之會中爲楚王之右盂? 據《左傳》記載,
就在厥貉之會的前一年:

> 范山言於楚子曰:"晉君少,不在諸侯,北方可圖也。"楚子師於
> 狼淵以伐鄭,囚公子堅、公子尨及樂耳。鄭及楚平。③

此時晉襄公已死,新君靈公初立。楚國趁機北上與晉國爭霸,出師的
第一步便是伐鄭。之所以先伐鄭,按照《史記·十二諸侯年表》的說法就
是"以其服晉"。楚穆王八年的這次北伐,先打敗了鄭國,隨即又降服了
陳國。次年"陳侯、鄭伯會楚子於息",便是由於此戰。此時晉國正值内
亂,趙盾率諸侯救鄭緩至,"不及楚師"④,遂失去了鄭國的信任。晉楚實
力的此消彼長,致使鄭國不再專事晉國,而是顧盼於首鼠兩端。

鄭國在厥貉之會後表面上向楚國臣服,但沒有專心事之,故而此後亦
多有楚國伐鄭事。《左傳》宣公六年就記載了"楚人伐鄭,取成而還"⑤。
楊伯峻先生總結了鄭襄公在位前期與晉楚的關係:

> 六年鄭雖與楚成,七年又及晉平,八年鄭伯又與晉及諸侯會於

---

① 孫飛燕:《試談〈繫年〉中厥貉之會與晉吳伐楚的紀年》,復旦大學出土文獻與古文字研究中
　心網站,2012 年 3 月 31 日。
② 王紅亮:《據〈清華簡〉證〈左傳〉一則》,復旦大學出土文獻與古文字研究中心網站,2013 年 4
　月 23 日。
③ 《春秋左傳正義》卷 19,《十三經注疏》,第 1847 頁。
④ 《春秋左傳正義》卷 19,《十三經注疏》,第 1847 頁。
⑤ 《春秋左傳正義》卷 22,《十三經注疏》,第 1872 頁。

扈,九年鄭伯且敗楚師,十年鄭又雖及楚平,諸侯之師伐鄭,復取成而還;十一年又從楚。數年之間,晉、楚交兵,鄭皆不得已而與來者。①

鄭國五年而六易其盟,終春秋之世而無出其右者。對於此間的扈之會,《繫年》第十二章載:

> 楚莊王立十又四年,王會諸侯於屬,鄭成公自屬逃歸,莊王遂加鄭亂,晉成公會諸侯以救鄭,楚師未還,晉成公卒於扈。

此時鄭國的在位之君爲鄭襄公,簡文作"成公"蓋從下文"晉成公"而誤。《左傳》宣公九年載:"楚子爲屬之役故,伐鄭。"②鄭襄公自屬逃歸,招致了楚莊王的討伐。按照《繫年》的説法,晉成公是爲了救鄭而會諸侯於扈。但是在司馬遷看來,則不完全是這樣。《史記·晉世家》云:

> 七年,成公與楚莊王爭強,會諸侯於扈。陳畏楚,不會。晉使中行桓子伐陳,因救鄭,與楚戰,敗楚師。是年,成公卒,子景公據立。③

晉成公是爲了與楚國爭霸才會諸侯於扈,並伐陳救鄭。雖然晉成公身死於扈,但晉國最終還是取得了這場戰爭的勝利。

此戰晉師敗楚,爲鄭國解了圍,但仍然引來了鄭大夫子良的擔憂。他説:"是國之災也,吾死無日矣。"敏鋭地洞察到晉楚爭霸中鄭國腹背受敵的尷尬境地。

果不其然,楚莊王在十四年伐鄭失利後,於十七年又揮師圍鄭。《繫年》第十三章載:

---

① 楊伯峻:《春秋左傳注》,第 716 頁。
② 《春秋左傳正義》卷 22,《十三經注疏》,第 1874 頁。
③ 《史記》卷 39《晉世家》,第 1676 頁。

　　……［莊］王圍鄭三月，鄭人爲成。晉中行林父帥師救鄭，莊王遂北……［楚］人盟，趙旃不欲成，弗招，射於楚軍之門，楚人被駕以師之，遂敗晉師於河……

　　楚師先服鄭，又大敗晉師於河上，這便是歷史上著名的邲之戰。上博簡的《鄭子家喪》篇詳細記載了此戰的前因後果，其文云：

　　鄭子家喪，邊人來告。莊王就大夫而與之言曰："鄭子家殺其君，不穀日欲以告大夫，以邦之病以及於今而後。楚邦思爲諸侯正。今鄭子家殺其君，將保其寵光以及入地。如上帝鬼神以爲怒，吾將何以對？雖邦之病，將必爲師。"乃起師，圍鄭三月。鄭人請其故，王命對之曰："鄭子家顛覆天下之禮，弗畏鬼神之不祥，戕賊其君。余將必思子家毋以成名立於上而□□於下。"鄭人命以子良爲質；命思子家利木三寸，綎索以共，毋敢丁門而出，掩之城基。王許之。師未還，晉人涉，將救鄭，王將還。大夫皆進曰："君王之起此師，以子家之故。今晉人將救子家，君王必進師以仍之！"王安還軍仍之，與之戰於兩棠，大敗晉師焉。①

　　簡文云鄭子家弒君，"顛覆天下之禮"，楚莊王便出師伐罪。然而此時子家已死，以此爲興師之名實在牽強。楚莊王此次圍鄭，仍是由於與晉爭鄭。"楚邦思爲諸侯正"，才是楚莊王出師的真正目的。

　　據《左傳》記載，莊王圍鄭三月後，"入自皇門，至於逵路"。"鄭伯肉袒牽羊以逆"②，才使莊王答應講和。但是鄭國才剛向楚國投降，晉國荀林父就率師來救。鄭國見狀便立即倒向了晉方，《左傳》宣公十二年載：

---

① 馬承源主編：《上海博物館藏戰國楚竹書（七）》，上海：上海古籍出版社，2008 年，第 169—188 頁。釋文參考了陳偉：《〈鄭子家喪〉通釋》，簡帛網，2009 年 1 月 10 日。
② 《春秋左傳正義》卷 23，《十三經注疏》，第 1878 頁。

鄭皇戌使如晉師，曰："鄭之從楚，社稷之故也，未有貳心。楚師驟勝而驕，其師老矣，而不設備。子擊之，鄭師爲承，楚師必敗。"①

鄭國勸晉國乘虛而入，並承諾將與晉國裏應外合共擊楚師。晉大夫彘子聞之曰："敗楚，服鄭，於此在矣，必許之。"②可見晉國霸心之迫切。但是在隨後的邲之戰中，晉國由於自身的內部分歧而戰敗，不僅沒有敗楚，連鄭國這個附庸也徹底失去了。《史記·晉世家》載，在這次戰鬥中，"鄭新附楚，畏之，反助楚攻晉"③，再次倒向了楚國。

鄭國在一戰中三次倒戈，非但沒有明哲保身，反倒把晉楚兩國都得罪了。《左傳》載："是役也，鄭石制實入楚師，將以分鄭，而立公子魚臣。"④可見楚國對鄭國的反復無常忍無可忍，已經有了改立之議。兩年後的魯宣公十四年，"夏，晉侯伐鄭，爲邲故也"⑤。此時的晉國雖新歷大敗，已無法與楚國爭霸，但爲了報復鄭國在邲之戰中的叛變依然興師討伐。

邲之戰後，由於楚國大勝，鄭國便在一段時間內服事於楚。直到魯成公五年（前582），《左傳》載：

許靈公愬鄭伯於楚。六月，鄭悼公如楚訟，不勝。楚人執皇戌及子國。故鄭伯歸，使公子偃請成於晉。秋，八月，鄭伯及晉趙同盟於垂棘。⑥

鄭國由於與許國爭訟失敗，便背楚向晉。對於鄭國背盟的行爲，楚國隨即進行了討伐。一年後，"楚子重伐鄭，鄭從晉故也"⑦。魯成公六年（前581）的這次伐鄭沒有取得成功，楚國於翌年再次興師。《繫年》第十

① 《春秋左傳正義》卷23，《十三經注疏》，第1880頁。
② 《春秋左傳正義》卷23，《十三經注疏》，第1880頁。
③ 《史記》卷39《晉世家》，第1677頁。
④ 《春秋左傳正義》卷23，《十三經注疏》，第1883頁。
⑤ 《春秋左傳正義》卷24，《十三經注疏》，第1886頁。
⑥ 《春秋左傳正義》卷26，《十三經注疏》，第1902頁。
⑦ 《春秋左傳正義》卷26，《十三經注疏》，第1903頁。

六章載：

> 楚共王立七年，令尹重伐鄭，爲氾之師。晉景公會諸侯以救鄭，
> 鄭人止鄖公儀獻諸景公，景公以歸。

　　鄭國得到晉景公與諸侯救援，此役依舊以楚國失敗告終。楚國參戰
的鄖公儀，還被鄭國俘虜後獻給了晉景公。1923 年河南新鄭李家樓出土
的一批青銅器，或許也與此戰有關。其中最著名的一件王子嬰次爐，器主
人一般認爲就是楚令尹子重，王國維先生説：“子重之器何以出於新鄭？
蓋鄢陵之役，楚師宵遁，故遺是器於鄭地。”①鄢陵遠離鄭國核心區域，子
重亦不是鄢陵之戰主將，因而王子嬰次爐等器更可能是在楚共王七年子
重這次伐鄭時被繳獲的。
　　楚師戰敗於鄭後，由於晉楚國内各有憂患，兩國弭兵。但是夾在兩國
之間的鄭國，在此時也未得太平。《左傳》成公九年載：“楚人以重賂求
鄭，鄭伯會楚公子成於鄧。”②剛剛在四年前背楚向晉的鄭國，在利益的驅
使下又依附了楚國。當年秋天，“鄭伯如晉，晉人討其貳於楚也，執諸銅
鞮。樂書伐鄭，鄭人使伯蠲行成，晉人殺之”③。鄭國的行爲激怒了晉國，
晉人執鄭伯殺鄭使，決心與鄭決裂。第二年春天，晉國先派衛子叔侵鄭，
又率諸侯共同討伐，迫使鄭國有了改立之謀。
　　此時討伐鄭國的不止晉國一家，《左傳》成公十五年載：“楚子侵鄭，
及暴隧。遂侵衛，及首止。鄭子罕侵楚，取新石。”④可見鄭、楚之間亦有
交伐。不過到了第二年春天，“楚子自武城使公子成以汝陰之田求成於
鄭。鄭叛晉，子駟從楚子盟於武城”⑤。鄭國在重利之下再次與楚國和
好。面對鄭國的再三背叛，晉國起師伐鄭，與前來救援的楚國戰於鄢陵。

---

① 王國維：《觀堂集林》，北京：中華書局，1959 年，第 900 頁。
② 《春秋左傳正義》卷 26，《十三經注疏》，第 1905 頁。
③ 《春秋左傳正義》卷 26，《十三經注疏》，第 1905 頁。
④ 《春秋左傳正義》卷 26，《十三經注疏》，第 1914 頁。
⑤ 《春秋左傳正義》卷 28，《十三經注疏》，第 1917 頁。

《繫年》載此事云:"共王亦率師圍鄭,厲公救鄭,敗楚師於鄢。"《繫年》説圍鄭的是楚,救鄭的是晉,是不正確的。此戰《春秋》經傳、《國語》與《史記》都有詳述,晉伐楚救毫無疑問。想必是鄭國忽晉忽楚實在過於頻繁,連《繫年》的作者都紛紜其中而出現了誤筆。

　　顧棟高評價晉楚爭霸中的鄭國"貪利若鶩,棄信如土"①,雖是持平之論,但鄭國也確屬無奈。實際上,鄭國之所以長期在晉楚間騎牆觀望,其目的全然在於自保。《左傳》宣公十一年載楚國伐鄭,鄭大夫子良曰:"晉、楚不務德而兵爭,與其來者可也。晉、楚無信,我焉得有信?"②"與其來者可也",切實體現了鄭國對晉、楚的心態。既然大國爭霸背景下的"晉、楚無信",鄭國又何必專事一國。《左傳》文公十七年載鄭子家給趙盾的信中説:"居大國之間而從於強令,豈其罪也。"③大國相爭本非義戰,鄭國"從於強令"自然無可厚非。司馬遷分析春秋時期的局勢云:"春秋之中,弑君三十六,亡國五十二,諸侯奔走不得保其社稷者不可勝數。"④鄭國在如此惡劣的生存環境下能夠保全社稷,很大程度是依賴其"唯強是從"⑤的外交方略。

---

① 顧棟高:《春秋大事表》,第 1893 頁。
② 《春秋左傳正義》卷 22,《十三經注疏》,第 1875 頁。
③ 《春秋左傳正義》卷 20,《十三經注疏》,第 1860 頁。
④ 《史記》卷 130《太史公自序》,第 3297 頁。
⑤ 《春秋左傳正義》卷 30,《十三經注疏》,第 1943 頁。

第五章
困獸猶鬥：戰國前期鄭國的
殊死抵抗

　　戰國時期是中國歷史發展變革的一個重要階段，王夫之稱之爲“古今一大變革之會”①。但是由於秦焚書的影響，戰國時期諸侯史記大多缺佚，因而我們今天能够得見的戰國史料十分有限。顧炎武《日知録》云：“自《左傳》之終，以至此，凡一百三十三年，史文闕軼，考古者爲之茫昧。”②道出了戰國史研究所面臨的窘境。

　　在春秋時期曾經顯赫一時的鄭國，到了戰國仍然苟存了將近百年。但是《史記·鄭世家》對這一時段的描寫甚至不足二百字，這對於了解戰國前期鄭國歷史來説顯然是不够的。值得慶幸的是，新近公布的清華簡《繫年》等史料包含了對戰國史事的記載，揭示了許多前所未見的歷史細節。本章將以新史料爲基礎，結合傳世文獻的記載，嘗試對戰國前期鄭國的歷史進行重新梳理。

第一節　戰國前期鄭國國君世系

　　《史記·鄭世家》關於戰國前期鄭國世系的記載爲：

① 王夫之：《讀通鑑論》卷末《敍論四》，北京：中華書局，1975 年，第 2649 頁。
② 顧炎武著，陳垣校注：《日知録校注》卷 13《周末風俗》，合肥：安徽大學出版社，2007 年，第 715 頁。

三十七年,聲公卒,子哀公易立。

哀公八年,鄭人弑哀公而立聲公弟丑,是爲共公……

三十一年,共公卒,子幽公已立。

幽公元年,韓武子伐鄭,殺幽公。鄭人立幽公弟駘,是爲繻公……

二十七,子陽之黨共弑繻公駘而立幽公弟乙爲君,是爲鄭君……

二十一年,韓哀侯滅鄭,并其國。①

　　鄭國自聲公之後,相繼代立的爲哀公、共公、幽公、繻公、鄭君乙。其中哀公爲聲公之子,被國人弑殺後代立的共公則爲聲公之弟。共公在位三十餘年後,其子幽公即位。然而幽公在位僅僅一年,便被入侵的韓武子所殺,其弟繻公繼之得立。關於繻公的名諱,《鄭世家》作"駘",《史記集解》云:"或作'繚'。"②清華簡《繫年》記其名爲"刅",知當以"駘"爲是。繻公被子陽之黨弑殺後,繼繻公而立的鄭君乙亦是幽公之弟。鄭君乙之立,《史記集解》引徐廣説:"一本云:'立幽公弟乙陽爲君,是爲康公。'"③因而鄭君乙謚號當爲康公。

　　鄭國最後的這五位國君,哀公、繻公爲鄭人所弑,幽公被韓國所殺,父死子繼者二,兄終弟及者三。從紛繁複雜的君位繼承關係來看,此時鄭國所面臨的國內外政治局勢都可謂十分嚴峻。

第二節　聯楚抗晉與背楚向晉

　　在戰國初年,列國中最强的仍是楚國與三晉。鄭繻公年間,發生了三晉伐齊後獻俘於周王,被命爲諸侯事。對於此事,《史記》有多處記載:

---

① 《史記》卷 42《鄭世家》,第 1776 頁。
② 《史記》卷 42《鄭世家》,第 1776 頁。
③ 《史記》卷 42《鄭世家》,第 1776 頁。

《周本紀》：威烈王二十三年，九鼎震，命韓、魏、趙爲諸侯。①

《齊世家》：康公二年，韓、魏、趙始列爲諸侯。②

《燕世家》：是歲，三晉列爲諸侯。③

《晉世家》：烈公十九年，周威烈王賜趙、韓、魏皆命爲諸侯。④

《鄭世家》：二十年，韓、趙、魏列爲諸侯。⑤

《趙世家》：六年，魏、韓、趙皆相立爲諸侯，追尊獻子爲獻侯。⑥

《魏世家》：二十二年，魏、趙、韓列爲諸侯。⑦

《韓世家》：六年，與趙、魏俱得列爲諸侯。⑧

《六國年表》：魏、韓、趙始列爲諸侯。⑨

　　《史記》諸書只記載了三晉列爲諸侯，對其過程則未有詳述。《吕氏春秋·下賢》載魏文侯："東勝齊於長城，虜齊侯，獻諸天子，天子賞文侯以上聞。"⑩闡明了三晉封侯的原因是"東勝齊於長城，虜齊侯獻諸天子"。出土銅器䮑羌鐘的器主也參與了此戰，因而銘文云其"賞于韓宗，命于晉公，昭于天子"⑪，亦載有戰後三晉獻俘受封之事。

　　對比此前的文獻，清華簡《繫年》第二十二章對於此事記載最爲詳細：

　　　　晉公獻齊俘馘於周王，遂以齊侯貸、魯侯顯、宋公田、衛侯虔、鄭伯駘朝周王於周。

---

① 《史記》卷4《周本紀》，第158頁。
② 《史記》卷32《齊世家》，第1512頁。
③ 《史記》卷34《燕世家》，第1554頁。
④ 《史記》卷39《晉世家》，第1687頁。
⑤ 《史記》卷42《鄭世家》，第1776頁。
⑥ 《史記》卷43《趙世家》，第1797頁。
⑦ 《史記》卷44《魏世家》，第1839頁。
⑧ 《史記》卷45《韓世家》，第1867頁。
⑨ 《史記》卷15《六國年表》，第709頁。
⑩ 王利器：《吕氏春秋注疏》卷15《下賢》，成都：巴蜀書社，2002年，第1700頁。
⑪ 孫稚雛：《䮑羌鐘銘文彙釋》，《古文字研究》第19輯，北京：中華書局，1992年，第102—114頁。

晉侯向周王獻俘，不僅有戰敗的齊侯參與，還邀請了魯、宋、衛、鄭的國君一同朝見。之所以邀請諸侯參加，想必是希望各國共同見證三晉受封。《淮南子·人間訓》載："三國伐齊，圍平陸，括子以報於牛子曰：'三國之地不接於我，逾鄰國而圍平陸，利不足貪也。然則求名於我也。請以齊侯往。'牛子以爲善。"①可見，世人皆知三晉伐齊以及獻俘於周，目的在於逼迫周王與各國承認其諸侯身份。

戰國前期尚存的諸侯國還有很多，爲何參加此次朝會的是齊、魯、宋、衛與鄭呢？根據簡文記載，三晉與齊、魯是主要參戰國，宋國國君悼公也死於戰前的任之會，參加獻俘自不待言。至於衛與鄭，除了迫於三晉勢大外，大概還與此前不久的齊、鄭伐衛事有關。《史記·田敬仲完世家》載齊宣公四十九年（前407），即三晉伐齊前三年，"宣公與鄭人會西城。伐衛，取毋丘"②。我們知道，此時衛國依附於三晉，《史記·衛世家》云："是時三晉強，衛如小侯，屬之。"③晉國大敗齊師後，很有可能會藉獻俘之會爲衛國討回毋丘。鄭國作爲齊國的盟國，與齊國共同侵衛取其地，因而也被迫參與了此次朝會。

或許是隙於韓武子殺鄭幽公的世仇，鄭繻公雖然被迫參與了三晉主導的獻俘之會，但實際上卻是附庸於楚國的。《繫年》第二十三章載：

> 楚聲桓王立四年，宋公田、鄭伯駘皆朝於楚。王率宋公以城榆關，置武陽。秦人敗晉師於雒陰，以爲楚援。

楚聲王四年④宋、鄭朝於楚，這次盟會很明顯是爲了共同抵禦聲王二

① 《淮南子》卷18《人間訓》，北京：中華書局，1954年，第312頁。
② 《史記》卷46《田敬仲完世家》，第1886頁。
③ 《史記》卷37《衛世家》，第1603頁。
④ 《六國年表》列楚聲王四年於周威烈王二十二年（前404），《繫年》公布後，有多位學者指出戰國楚紀年當據之改訂。從《繫年》第二十二章載楚聲王元年三晉伐齊來看，楚聲王元年當爲周威烈王二十二年（前404），楚聲王在位也只有四年而非《史記》所說的六年。具體論說參見李銳：《由清華簡〈繫年〉談戰國初楚史年代的問題》，《史學史研究》2013年第2期。下文在行文中將直接采用改訂後的紀年。

年剛剛被周王册封爲諸侯的三晉。楚國采取的具體措施，則是與宋國在榆關築城，並設置武陽城。簡文中的榆關，整理者已指出其地在今河南中牟南，當時應屬鄭地。《史記索隱》説："此榆關當在大梁之西也。"①楊寬先生指出："榆關在新鄭與大梁之間，原爲鄭地，爲出入中原之重要門户，成爲此後魏與楚争奪之地。"②楚國在此地築城，其意自然是防止魏國的侵犯。而鄭國介居魏、楚之間，在兩國的朝夕鬥鬩中自然也不能幸免。

此時與魏國纏鬥的除了楚國外，還有西方的秦國。《史記·魏世家》載魏文侯十七年（前408）："西攻秦，至鄭而還，築雒陰、合陽。"③魏國西攻至秦，此處的"鄭"自然不是鄭國，而是陝西華縣之鄭。楊寬先生疏解説："魏於上年與此年連續伐秦，先後攻取臨晉、元里、洛陰、郃陽等地，並築城，並曾長驅直入至鄭。於是秦至河西地區全爲魏所占有，秦乃退守洛水，沿洛水修建防禦工事，即謂'塹洛'，並在重泉築城防守。"④此戰之後不過數年，秦魏之間再度開戰。《史記·六國年表》載秦簡公十四年（前401）"伐魏，至陽狐"⑤，而《繫年》所記"秦人敗晉師於雒陰，以爲楚援"亦在此年。結合《史記》與《繫年》的記載來看，在楚聲王四年與三晉的這次較量中，是楚、秦、宋、鄭等國的聯盟占了上風。

然而好景不長，此戰不久後楚聲王被殺，鄭國便趁機倒向魏國而與楚國争榆關，《繫年》載：

> 聲王即世，悼哲王即位。鄭人侵榆關，陽城桓定君率榆關之師與上國之師以交之，與之戰於桂陵，楚師無功。景之賈與舒子共止而死。

剛剛經歷了君位更迭的楚國被鄭國所敗，景之賈與舒子共戰死。鄭

① 《史記》卷40《楚世家》，第1720頁。
② 楊寬：《戰國史料編年輯證》，上海：上海人民出版社，2016年，第219頁。
③ 《史記》卷44《魏世家》，第1838頁。
④ 楊寬：《戰國史料編年輯證》，第177—178頁。
⑤ 《史記》卷15《六國年表》，第710頁。

國與楚國的桂陵之戰,傳世史料未見記載,《繫年》將其繫於楚悼哲王即位後,大致在楚悼王元年(前 400)至二年(前 399)之間。《史記·楚世家》載:"悼王二年,三晉來伐楚,至乘丘而還。"①可見鄭國此次伐楚並不是單獨行動,乃是與三晉的共同謀劃。《六國年表》又載悼王三年楚國"歸榆關於鄭"②,可知桂陵之戰鄭國不僅搴旗斬將,也如願奪回了本就屬於自己的榆關。

楚悼王即位後鄭國背楚向晉,除了桂陵之戰與楚爭榆關,還有與晉師共入王子定之事。《繫年》載桂陵之戰後:

> 明歲,晉 余率晉師與鄭師以入王子定。魯陽公率師以交晉人,晉人還,不果入王子。

這裏的王子定,據《六國年表》載,乃是於周安王三年(前 399)奔晉。有學者懷疑此王子定並非周王子,而是楚國王子:

> 《六國年表》周安王三年(前 399 年)有"王子定奔晉",現據《繫年》可知,此王子定非周王子,而是楚王子。我推測這個王子定可能是聲王之子,悼王兄弟,也是王位爭奪者,這一事件可能是"盜殺聲王"的後續事件。王子定奔晉後,晉人聯合鄭人抓住機會干涉楚政,前 398 年"晉 余率晉師與鄭師以入王子定"。"魯陽公率師以交晉人,晉人還,不果入王子。"③

《六國年表》將"王子定奔晉"事列入周欄,想必在司馬遷看來王子定確是周王子。但是從《繫年》載魯陽公率師阻止晉鄭入王子定,以及下文

---

① 《史記》卷 40《楚世家》,第 1720 頁。
② 《史記》卷 15《六國年表》,第 710 頁。
③ 此爲網友 bearn 之意見,轉引自代生、張少筠:《清華簡〈繫年〉所見鄭國史事新探》,《中南大學學報(社會科學版)》2015 年第 3 期。

楚地的陳人又欲納之來看，王子定爲楚王子這種説法還是很有可能成立的。

鄭國對楚國掠地殺將，又聯合晉國干涉其内政，終於招致了楚國的報復。《繫年》載：

> 明歲，邵莊平君率師侵鄭，鄭皇子、子馬、子池、子封子率師以交楚人，楚人涉氾，將與之戰，鄭師遂入於蔑。楚師圍之於蔑，盡降鄭師與其四將軍以歸於郢。鄭太宰欣亦起禍於鄭，鄭子陽用滅，無後於鄭。明歲，楚人歸鄭之四將軍與其萬民於鄭。

晉鄭入王子定未果後第二年，楚國派遣邵莊平君率師伐鄭，"盡降鄭師與其四將軍以歸於郢"。這次戰敗對本已有崛起之勢的鄭國造成了沉重打擊，不僅皇子、子馬、子池、子封子等四將被俘，鄭師精鋭也盡降於楚。

第三節　鄭國内亂與韓哀侯滅鄭

鄭國在外喪軍失將，在内也發生了動亂。《史記·六國年表》載楚"敗鄭師，圍鄭，鄭人殺子陽"[1]，《鄭世家》云："二十五年，鄭君殺其相子陽。"[2]《史記》説鄭繻公在楚國的圍迫下殺了執政大夫子陽，而《繫年》云："鄭太宰欣亦起禍於鄭，鄭子陽用滅，無後於鄭。"則起禍的是太宰欣。《韓非子·説難》云：

> 若夫齊田恒、宋子罕、魯季孫意如、晉僑如、衛子南勁、鄭太宰欣、楚白公、周單荼、燕子之，此九人者之爲其臣也，皆朋黨比周以事其君，隱正道而行私曲，上逼君，下亂治，援外撓内，親下以謀上，不難爲

---

[1] 《史記》卷15《六國年表》，第711頁。
[2] 《史記》卷42《鄭世家》，第1776頁。

也。如此臣者，唯聖王智主能禁之，若夫昏亂之君，能見之乎？

　　若夫周滑之、鄭王孫申、陳公孫寧、儀行父、荆芊尹申亥、隨少師
越、種干、吳王孫額、晉陽成泄、齊豎刁、易牙，此十二人者之爲其臣
也，皆思小利而忘法義，進則揜蔽賢良以陰暗其主，退則撓亂百官而
爲禍難，皆輔其君、共其欲，苟得一説於主，雖破國殺衆不難爲也。有
臣如此，雖當聖王尚恐奪之，而況昏亂之君，其能無失乎？有臣如此
者，皆身死國亡，爲天下笑。故周威公身殺，國分爲二；鄭子陽身殺，
國分爲三；陳靈公身死於夏徵舒氏；荆靈王死於乾溪之上；隨亡於荆；
吳並於越；智伯滅於晉陽之下；桓公身死七日不收。故曰：諂諛之
臣，唯聖王知之，而亂主近之，故至身死國亡。①

　　在韓非子看來，“鄭子陽身殺”是由於鄭國有太宰欣、王孫申等奸佞
作亂②，與《繫年》所述大致類同。但是這並不代表鄭繻公可以逃脱與子
陽之滅的干系，因爲兩年後繻公正是被子陽之黨所殺。

　　《繫年》載楚國圍鄭的第二年便“歸鄭之四將軍與其萬民於鄭”，此舉
雖使兩國關係有所緩和，但並没有幫助鄭國走出戰敗的陰影。《鄭世家》
載次年“子陽之黨共弑繻公駘，而立幽公弟乙爲君”③，鄭國還是没有逃脱
“鄭子陽身殺，國分爲三”的命運。在《説難》篇中，韓非子將“太宰欣取
鄭”與“田成子取齊”以及“司城子罕取宋”相提並論，已然洞悉了子陽之
亂對鄭國國勢的重大影響。果不其然，經歷了子陽之亂的鄭國在内外交
困的局勢下終於崩潰。根據《史記》的記載，繼繻公而立的鄭康公在位二
十一年之後，“韓哀侯滅鄭，並其國”④。

　　實際上，鄭國爲韓所滅並非偶然。鄭國地處天下之中，由於地緣的關
係，三晉早有兼並鄭國之意。早在鄭聲公三十六年（前464），“晉知伯伐

---

① 王先慎：《韓非子集解》卷17《説疑》，第403—405頁。
② 過去的學者誤以爲太宰欣即子陽，馬衛東先生已有詳辨，見馬衛東：《清華簡〈繫年〉與鄭子
　陽之難新探》，《古代文明》2014年第2期。
③ 《史記》卷42《鄭世家》，第1776頁。
④ 《史記》卷42《鄭世家》，第1776頁。

鄭，取九邑"①。知伯雖得鄭之九邑，但並未久持。鄭共公三年(前 453)，三晉滅知伯，瓜分其地，鄭國的九邑也便落入韓魏之手。

占據知伯之地後，韓國之境與鄭國相接，鄭國便淪爲了韓國的首要征伐對象。鄭幽公元年(前 423)，尚未受封爲諸侯的韓武子興兵伐鄭，殺了鄭國新君幽公。到了繻公十五年(前 408)，韓景侯又伐鄭，取鄭之雍丘。由於雍丘距鄭都過近，迫於韓國的威勢，鄭國不得不遷都於京。京也是鄭國大邑，鄭莊公封共叔段於京時，祭仲曾有"京大於國"②之謂。其地在鄭都西北，距離韓國較遠，繻公遷都於此完全是爲了躲避韓國的鋒芒。

面對韓國的步步緊逼，鄭國也並没有坐以待斃。就在韓國取鄭之雍丘的第二年，《鄭世家》載"鄭伐韓，敗韓兵於負黍"③。從之後負黍復歸韓國來看，鄭國這次伐韓是取了負黍的。到了繻公二十三年(前 400)，鄭國又乘著桂陵敗楚之勢，"圍韓之陽翟"④。值得一提的是，《繫年》雖載桂陵之戰後鄭國有與晉師共入王子定之事，但這裏的晉師可能不包括韓，而是特指魏⑤。在很多情況下，三家分晉後的魏國都沿襲了晉國的舊稱。如戰國青銅器鄂君启節銘文中有"大司馬邵陽敗晉師於襄陘之歲"⑥，這裏的"晉師"便是特指魏國。

或許是對魏國的親附阻止了韓國入侵的步伐，鄭繻公在位期間韓國再没有從鄭國身上討到便宜。但是子陽之亂繻公見殺後，內亂中的鄭國在韓國的逼迫下更顯得岌岌可危。鄭康公二年(前 394)，《鄭世家》載："鄭負黍反，復歸韓。"⑦次年，魏文侯又"伐鄭，城酸棗"⑧。這裏有一點值得注意，魏國本與鄭國爲好，此時又興兵伐鄭，可見其聯盟並不穩固。《韓

① 《史記》卷 42《鄭世家》，第 1775 頁。
② 《史記》卷 42《鄭世家》，第 1759 頁。
③ 《史記》卷 42《鄭世家》，第 1776 頁。
④ 《史記》卷 42《鄭世家》，第 1776 頁。
⑤ 代生先生亦有此見，參代生、張少筠：《清華簡〈繫年〉所見鄭國史事新探》，《中南大學學報(社會科學版)》2015 年第 3 期。
⑥ 于省吾：《"鄂君启節"考釋》，《考古》1963 年第 8 期。
⑦ 《史記》卷 42《鄭世家》，第 1776 頁。
⑧ 《史記》卷 44《魏世家》，第 1841 頁。

世家》又載韓文侯七年(前 380)"鄭反晉"①,則鄭國對魏也是時叛時附。

　　《鄭世家》云,鄭康公十一年(前 385)"韓伐鄭,取陽城"②。在接連失去了雍丘、負黍、陽城後,鄭國西部地區已被韓國蠶食殆盡。到了康公二十一年(前 375),"韓哀侯滅鄭,並其國"③,享國四百餘年的鄭國終於被新興的韓國所吞並。

　　戰國縱橫家分析鄭國之滅時,往往將其歸咎於鄭國的外交失誤。如《戰國策·魏策四》說:"鄭恃魏以輕韓,伐榆關而韓氏亡鄭。"④《韓非子·飾邪》也說:"鄭恃魏而不聽韓,魏攻荆而韓滅鄭。"⑤但是在兼並不斷、攻伐不息的戰國時期,事實上並不存在穩固的外交關係,弱肉強食才是列國生存的基本法則。鄭國"國小而逼",在戰國前期各國紛紛經過富國強兵的改革後相較越發落後,終究逃脫不了滅國絕祀的命運。

---

① 《史記》卷 45《韓世家》,第 1868 頁。
② 《史記》卷 42《鄭世家》,第 1776 頁。
③ 《史記》卷 42《鄭世家》,第 1776 頁。
④ 《戰國策》卷 25《魏策四》,濟南:齊魯書社,2005 年,第 281 頁。
⑤ 王先慎:《韓非子集解》卷 5《飾邪》,第 123 頁。

第六章
清華簡新見鄭國人物考略

　　清華簡的《鄭武夫人規孺子》、《鄭文公問太伯》和《子產》、《良臣》①等篇,與鄭國歷史有著較爲密切的關聯。這幾篇簡文在敘事過程中對鄭國歷代君臣多有提及,其中赫赫有名如武姜、子產者,皆昭然可考,自不待言。但也有一些新見的人物名號爲傳世文獻缺載,無疑爲這些史料的運用增添了許多障礙。今擇其要者略作考證,以彰顯其史料價值。

第一節　《鄭武夫人規孺子》中的邊父

　　《鄭武夫人規孺子》篇的主要内容是鄭武公去世後其夫人武姜對新君莊公的誥辭。簡文記載,武姜命令莊公三年不可執國政的無理要求,引起了群大夫的恐慌,此時大臣邊父出面規誡群臣慎重其事,穩定住了新君即位後的政治局面。之後在武公小祥之期,群大夫又推舉邊父對莊公進行了勸進,雖然莊公最終没有采納邊父的諫言親理國政,但從此事中也足

---

① 《良臣》篇雖通列歷代名臣,但以鄭國最爲詳盡,其作者的師傳很有可能與鄭國有關。李守奎先生論述清華楚簡中的外來成分時,即以《良臣》爲例,其云:"全篇羅列自黄帝至魯哀公期間各朝名師良臣,其中對鄭國記載獨詳,尤其是子產,還詳記其師,有些文獻缺載。"(見李守奎:《楚文獻中的教育與清華簡〈繫年〉性質初探》,復旦大學出土文獻與古文字研究中心編:《出土文獻與古文字研究》第 6 輯,上海:上海古籍出版社,2015 年,第 300 頁。)李學勤先生在介紹此篇時,也曾説:"猜想簡文的作者有可能源出鄭國,甚至和子產有某種特殊的關係。"(見李學勤:《新整理清華簡六種概述》,《文物》2012 年第 8 期。)

以窺見邊父其人在當時有著群臣領袖的地位。

對於如此重要的一位政治人物,由於傳世史料中没有明確的對應,整理報告以及後來的研究者都没有進行很好的研究,不得不説是本篇的一大缺憾①。結合人物行跡與政治地位等因素來看,我們大膽猜測簡文中的這位邊父,就是文獻所載莊公時期的重臣公子吕。

公子吕,一字子封,爲鄭桓公之子,武公之弟,莊公之叔父。王引之《春秋名字解詁》説解其名字關係云:

> 吕之言甫也。《爾雅》曰:"甫,大也。"《淮南子·天文篇》:"仲吕者,中充大也;南吕者,任包大也。"《方言》:"吕,長也,宋魯曰吕。"長亦大也。《商頌·殷武篇》"封建厥福",毛傳曰:"封,大也。"②

王氏以"吕"與"封"皆可訓"大"釋之,遭到了俞樾的反對,他在《春秋名字解詁補義》中説:

> 春秋之世,若晉侯周、衛侯鄭、陳侯吴、衛侯晉之類以他國爲名者甚衆。吕乃姜姓之國,《鄭語》所謂"南有荆蠻申吕"是也,是時已爲楚縣矣。公子吕蓋取古國名爲名,故字子封。《楚語》韋注曰:"封,國也。"③

俞樾的這種説法雖然較之王引之有一定的進步,但也不一定靠得住。因爲如果公子吕是以吕國爲名的話,似乎當如鄭國公孫楚、衛國公子郢一般字"子南"才是。

---

① 子居先生曾將本篇簡序進行重新編聯,並根據上下文推測邊父名"禦寇"(子居:《清華簡〈鄭武夫人規孺子〉解析》,中國先秦史網,2016 年 6 月 7 日)。這種説法的困難在於句中的"禦寇"應與"布圖於君"同爲"二三老臣"的職責,而非"邊父"的自稱。
② 王引之:《春秋名字解詁》,賈貴榮、宋志英輯:《春秋戰國史研究文獻叢刊》第 2 册,北京:國家圖書館出版社,2009 年,第 10—11 頁。
③ 俞樾:《春秋名字解詁補義》,賈貴榮、宋志英輯:《春秋戰國史研究文獻叢刊》第 2 册,第 170 頁。

在我們看來,公子吕之名"吕"或是"閭"字之省。"閭"從"吕"得聲,二字通假不存在障礙。"閭"字本義爲里巷之門,但也經常被引申用作聚落單位。《周禮》云:"五家爲比,使之相保,五比爲閭,使之相受。"①"閭"字又可通"里",《吕氏春秋·期賢》有"魏文侯過段干木之閭而軾之",高誘即注"閭"爲"里"②。正是由於"閭"有作爲人口與土地單位的用法,使之可與子封的"封"字對應。《説文》云:"封,爵諸侯之土也……公侯百里,伯七十里,子男五十里。"③"封"字有啓拓封疆之意,《左傳》僖公三十年有"既東封鄭"④,即是此訓。另外一則顯豁的證據是,楚國的公子啓其字即爲"子閭",可見"閭"、"啓"、"封"作爲名字時的關係。

明晰了公子吕爲何字"子封"之後,我們再來看"邊父"這個名號。大家都知道,先秦時期對同一個人往往會有多種稱法,如晉人士會又可稱隨會、范會、士季、隨季等。春秋時人稱字,除了"子+某"的稱法,還可稱爲"某+父",如魯公子翬字"羽父",公子益師字"衆父",皆是此例。與此同時,一人兼有二字,在春秋時期也不乏其例,如鄭靈公字"子蠻"又字"伯貉",鄭國公孫僑字"子産"又字"子美",楚國斗椒字"子越"又字"伯棼"。公子吕除了字"子封"外,當然也可以另有"邊父"這樣的字。"封"有邊界、疆域的意思,《左傳》襄公三十年:"田有封洫",鄭玄注云:"封,疆也。"⑤而"邊"字的本意就是邊疆,《國語·吴語》:"頓頼於邊",韋昭注:"邊,邊境也。"⑥因此,"邊父"的稱法完全有可能與"子封"一樣,是公子吕的字。

把邊父視作公子吕,從身份上來看也是比較合適的。在前文中我們已經提到,公子吕是莊公叔父,因而他在武公去世後有著襄助新君之責任。而他之所以在簡文中能夠成爲群臣領袖,恐怕也在一定程度上是由

---

① 《周禮注疏》卷 10,《十三經注疏》,第 707 頁。
② 高誘注:《吕氏春秋》,上海:上海書店出版社,1986 年,第 278 頁。
③ 許慎:《説文解字》,第 287 頁。
④ 《春秋左傳正義》卷 17,《十三經注疏》,第 1831 頁。
⑤ 《春秋左傳正義》卷 40,《十三經注疏》,第 2013 頁。
⑥ 徐元誥:《國語集解》,第 538 頁。

於其先君之弟的身份。

如果將傳世文獻中公子吕的行跡與簡文的邊父進行比照,也可尋得許多相似之處。根據簡文記載,在莊公剛即位之時,邊父對他進行了以下一番規誡:

> 二三老臣使禦寇也、布圖於君。昔吾先君使二三臣,抑早前後之以言,使群臣得執焉,且毋效於死。今君定,拱而不言,二三臣事於邦,惶惶焉,焉削錯器於選藏之中,毋措手止,殆於爲敗,姑寧君?是有臣而爲褻嬖,豈既臣之獲罪,又辱吾先君,曰是其蓋臣也?

在這段話裏,邊父既有對新君早日執政的勸告,也隱約表達了對武姜亂鄭國之政的擔憂。

此後,共叔段在武姜的支持下發展勢力,與鄭有"耦國"之勢。《左傳》隱公元年載公子吕語於莊公曰:

> 國不堪貳,君將若之何? 欲與大叔,臣請事之;若弗與,則請除之,無生民心。①

公子吕勸莊公早日除掉圖謀不軌的叔段,否則"國不堪貳",後患無窮。雖然公子吕的這次進諫没有得到采納,但是之後叔段興兵起禍,莊公正是"命子封帥車二百乘以伐京"②。在武姜有亂政之謀時率領群臣堅決反對,待叔段起師作亂時又擔當主將親自討伐,邊父在對待武姜叔段集團的態度方面,可以説是一以貫之的。

---

① 《春秋左傳正義》卷 2,《十三經注疏》,第 1716 頁。
② 《春秋左傳正義》卷 2,《十三經注疏》,第 1716 頁。

第二節　《鄭文公問太伯》中的
太伯與鄭國堵氏

清華簡中另外一篇專述鄭國史事的文獻《鄭文公問太伯》,內容是鄭國大夫太伯臨終前與文公的問對。簡文開篇就講:“子人成子既死,太伯當邑。”這裏的子人成子,整理報告已經指出應即文公的叔父子人語。但是對於太伯其人,諸家卻没有給出很好的説法,尚需仔細探究。

簡文對於太伯身份的記載,最重要就是發首的“子人成子既死,太伯當邑”這句話。所謂“當邑”,一種理解即《左傳》習見的“當國”。負責整理此篇的馬楠先生就説:“‘當邑’和‘當國’文意相類,謂太伯繼子人成子執政。”①按照這種説法,太伯生前應擔任著鄭國的執政卿,有著較高的政治地位。但是對於“當邑”二字,李學勤先生有著不同的看法,他在《有關春秋史事的清華簡五種綜述》一文中指出:

> “當邑”應該是治理封邑的意思,所以太伯很可能是子人成子的長子,也就是文公的兄弟行。②

李先生將“當邑”者視作封邑的宗主,既然太伯繼子人成子“當邑”,那他也就只能是子人成子的長子了。

但是把太伯視作子人語的兒子,與文公同輩,卻與簡文的其他線索有著明顯的矛盾。在簡文中,文公屢言“不穀幼弱”,自己“譬若雞雛”,並尊稱太伯爲“伯父”。這其中至少存在兩個問題阻礙著李先生説法的可信性:首先是文公爲厲公長子,厲公爲子人語之兄,如若太伯爲子人語之子,即便有可能比文公年長,但也不至於會比自己伯父的長子大太多。簡文中的太伯已垂垂老矣,此時的文公又怎能自稱“幼弱”、“雞雛”呢?

① 馬楠:《清華簡〈鄭文公問太伯〉與鄭國早期史事》,《文物》2016 年第 3 期。
② 李學勤:《有關春秋史事的清華簡五種綜述》,《文物》2016 年第 3 期。

　　再者是,如果太伯爲文公之從兄弟,文公不當稱其爲"伯父"。對於這一問題,李學勤先生認爲"伯父"是對年長大夫的特定稱謂,而並不表示血緣上的親屬關係。① 不可否認,文獻中確有天子稱諸侯爲叔伯的記載,如《儀禮·覲禮》云:"同姓大國則曰伯父,其異姓則曰伯舅;同姓小邦則曰叔父,其異姓小邦則曰叔舅。"②但是尊稱諸侯爲父、舅是天子之禮,而將之化用爲諸侯稱大夫,則只是後人的説法。如《詩·伐木》毛傳云:"天子謂同姓諸侯,諸侯謂同姓大夫皆曰父,異姓則稱舅。"③服虔注《左傳》云:"諸侯稱同姓大夫,長曰伯父,少曰叔父。"④皆是傳言而非經説。歷代經師欲言諸侯可稱同姓大夫爲叔伯,往往以鄭屬公稱原繁"伯父"與魯隱公稱僖伯"叔父"爲證。但是臧僖伯爲魯孝公子、魯惠公弟,本就是魯隱公的親叔父。至於原繁,《史記·鄭世家》載屬公"入而讓其伯父原"⑤,章太炎《春秋左傳讀》就曾據此認爲:"蓋原繁於昭穆正爲屬公之伯父,非泛稱也。"⑥由此可見,在諸侯對大夫的稱謂中,"伯父"、"叔父"表示的仍應該是親屬關係,而非天子之於諸侯的自謙。實際上,即便只是因情推説,也可知文公不太可能稱從兄弟爲"伯父"。對於春秋時期的天子來説,由於諸侯大多分封較早,血緣關係已經疏遠,稱叔父、叔舅問題不大。但是諸侯國的大夫往往分宗未久,與公室血緣關係較近,於"兄弟"稱"叔伯"豈不是亂了宗法? 因此,簡文中的太伯當非子人成子之子、文公的從兄弟,還應是文公的叔伯輩貴族。

　　在明晰了太伯的行輩後,我們再來試著分析一下"太伯"這個名號。在西周春秋時期稱"伯"的一般都是世家大族的嫡長子⑦,"伯"字既是長幼排行,又彰顯著宗子地位。至於稱"太",大概是一種美稱。"太"與"泰"、"大"等通,文獻中經常有此類稱謂,比較著名的如周太王的長子稱

① 李學勤:《有關春秋史事的清華簡五種綜述》,《文物》2016 年第 3 期。
② 《儀禮注疏》卷 27,《十三經注疏》,第 1092 頁。
③ 《毛詩正義》卷 9,《十三經注疏》,第 411 頁。
④ 《春秋左傳正義》卷 3,《十三經注疏》,第 1728 頁。
⑤ 《史記》卷 42《鄭世家》,第 1764 頁。
⑥ 章太炎:《春秋左傳讀》,《章太炎全集》第 2 冊,上海:上海人民出版社,1982 年,第 195 頁。
⑦ 詳參劉源:《"五等爵"制與殷周貴族政治體系》,《歷史研究》2014 年第 1 期。

“太伯”，楚令尹成大心號“大孫伯”。《左傳》隱公元年載叔段封京，“謂之京城大叔”，杜注云：“謂之‘京城大叔’，言寵異於衆臣。”①莊公十九年載鬻拳自刖，“楚人以爲大閣，謂之大伯”，孔疏云：“謂之大伯，伯，長也，爲門官之長也。”②可見在名號前加“大”或“太”，只是爲了體現尊隆，並沒有實際意義。從“太伯”這個稱號，我們只能得出其人爲小宗宗主的結論，而對他的名、字、氏等則無從知曉。

按照一般的認識，以太伯的身份之尊貴、地位之崇高，《左傳》等史料不應會缺載。比照他文公叔伯的輩分、小宗宗主的身份以及鄭國執政卿的官職，總能找到一些蛛絲馬跡。而且鄭國立國較晚，到文公初年宗室的分支還不算多，故而有條件運用排除法進行推求。

文公的叔伯中，血緣關係最近的當然是厲公的親兄弟，也就是莊公諸子。莊公在位四十三年，生了至少十二個兒子。③ 這其中可以稱“伯”的只有莊公的長子昭公忽，但其人已在昭厲之亂中被高渠彌所殺，自然不可能復爲文公的執政卿。簡文公布後，王寧先生曾認爲“太伯”即春秋早期活躍在鄭國政壇的“泄駕”，並猜測泄駕本爲莊公之子、文公之叔。④ 但是根據《左傳》隱公五年的記載，泄駕早在莊公初年就與祭仲、原繁一起統率三軍，他的行輩更有可能與原繁一樣，爲厲公的叔伯、文公的祖輩。而且以泄駕的資歷，他做執政卿也應該在子人語之前，而不會待其死後才繼之當國。更何況，即便泄駕爲莊公之子、厲公的兄弟，身爲庶子的他也是不能稱“太伯”的。

既然“太伯”並非莊公之子，那他有没有可能是武公之孫呢？傳世史料記載武公的兒子只有莊公與共叔段。《左傳》隱公元年載共叔之亂後，公孫滑隨父出奔衛，其人極有可能是共叔段長子。公孫滑身份爲小宗之長，輩分爲文公叔伯，符合簡文中“太伯”的特徵。但是自魯隱公元年公

---

① 《春秋左傳正義》卷2，《十三經注疏》，第1716頁。

② 《春秋左傳正義》卷9，《十三經注疏》，第1773頁。

③ 《左傳》魯莊公十四年載厲公復位時“莊公之子猶有八人”，再加上已經死難的昭公、子亹、子儀以及在位的厲公，則至少有十二人。

④ 王寧：《清華簡六〈鄭文公問太伯〉之“太伯”爲“泄伯”説》，簡帛網，2016年5月8日。

孫滑出奔,至魯莊公二十二年文公即位,均未載他曾回歸鄭國。《左傳》莊公十六年云鄭厲公復位後清算政敵,"公父定叔出奔衛,三年而復之,曰:'不可使共叔無後於鄭'"。① 可見在厲公之時,身居鄭國的共叔段後人就只有公父定叔了。公孫滑此時或仍出奔在衛,或已客死異國,總之不存在與文公問對的可能。

除了武公、莊公之昭穆,鄭國公族中居於文公叔伯輩的還有桓公的曾孫。前述的公子吕,爲桓公之庶子,他的兒子即與莊公同輩,孫子則爲文公之叔伯。《左傳》隱公十一年載鄭莊公入許,出戰的有兩位"公孫",一位是與潁考叔爭車的"公孫閼",另一位則是後來駐守許國西偏的"公孫獲"。作爲桓公之孫,此二人一般被認爲就是公子吕的兒子。身爲莊公的再從兄弟,他們各自的長子都是可以被文公稱作"伯父"的。

這其中的"公孫閼",在文獻中並非曇花一現。除了魯隱公十一年隨莊公入許的"公孫閼",《左傳》莊公十六年還載有一位"公子閼"。杜預注云:"隱十一年,鄭有公孫閼,距此三十五年,不容復有公子閼。若非'閼'字誤,則'子'當爲'孫'。"②如果這裏的"公子閼"就是桓公之孫"公孫閼",那么此人在鄭國政壇著實活躍了很長一段時間。值得注意的是,根據《左傳》記載,公孫閼的字爲"子都"。對於其名字關係,王引之《周秦名字解故》分析説:

> 《説文》:"閼,遮擁也。"《夏書·禹貢》"滎波既豬",《史記·夏本紀》作"滎波既都"。《禮記》鄭注:"豬,都也。"③

"閼"既爲"堵塞"之意,與通"堵"的"都"自然是同義互訓的關係。更有一種可能,所謂"子都",本就是"子堵"之訛。也就是説,桓公的這位孫子公孫閼其字原爲"子堵"。

---

① 《春秋左傳正義》卷9,《十三經注疏》,第1772頁。
② 《春秋左傳正義》卷9,《十三經注疏》,第1772頁。
③ 轉引自劉文淇:《春秋左氏傳舊注疏證》,第56頁。

　　若此説可以成立,則公孫閼其人便可以與簡文有很好的呼應。《鄭文公問太伯》之末提到了文公時鄭國的幾位良佐,其文云:

　　　　君如由彼孔叔、佚之夷、師之佢鹿、堵之俞彌,是四人者,方諫吾君於外,兹詹父内謫於中。①

　　這其中的“孔叔”,《左傳》僖公三年載:“楚人伐鄭,鄭伯欲成。孔叔不可,曰:‘齊方勤我,棄德,不祥。’”②“佚之夷”,整理者已經指出與《左傳》僖公三十年所載舉薦燭之武退秦師的“佚之狐”有關。至於“師之佢鹿”、“堵之俞彌”以及“詹父”,應該就是《左傳》僖公七年管仲所稱“鄭有叔詹、堵叔、師叔三良爲政”③的“三良”。其中的“堵叔”,即“堵之俞彌”,又名“堵寇”,其事屢見於《左傳》。魯僖公二十年云:“夏,鄭公子士泄、堵寇帥師入滑。”④魯僖公二十四年又有:“鄭公子士泄、堵俞彌帥師伐滑。”⑤過去由於沒有見過“堵之俞彌”的叫法,諸家都將此處斷讀爲“公子士”與“泄堵寇”、“泄堵俞彌”,誤後者爲“泄堵”氏,認爲其是泄駕的後人。馬楠先生敏鋭地覺察到了這個問題,並指出:“疑‘士’、‘泄’一名一字,或名‘士泄’而單稱‘士’。”⑥既然“泄”字應從上讀,那“堵寇”、“堵俞彌”就應該是“堵”氏。堵氏除了堵俞彌,後來在鄭簡公時又有堵女父、堵狗,在鄭國繁衍發展了很長時間。

　　這裏之所以要用一定的篇幅來論述簡文“堵之俞彌”爲“堵”氏,就是爲了將其與公孫閼——也就是“子堵”聯繫起來。春秋時人多以祖字爲氏。如果把“堵之俞彌”視作“子堵”之孫,就可以很好地解釋“堵氏”的來源。有了這樣的前提,再結合上文對鄭國前期公族的梳理,還可以再做進

---

① 清華大學出土文獻研究與保護中心編,李學勤主編:《清華大學藏戰國竹簡(陸)》,第112頁。
② 《春秋左傳正義》卷12,《十三經注疏》,第1792頁。
③ 《春秋左傳正義》卷13,《十三經注疏》,第1799頁。
④ 《春秋左傳正義》卷14,《十三經注疏》,第1811頁。
⑤ 《春秋左傳正義》卷15,《十三經注疏》,第1817頁。
⑥ 馬楠:《清華簡〈鄭文公問太伯〉與鄭國早期史事》,《文物》2016年第3期。

一步的推論：簡文中的太伯即爲公孫閼的長子，是後來堵氏的宗主，而他臨終前向文公舉薦的堵之俞彌，正是其子。如此一來，文公稱其爲"伯父"就合情合理了。而太伯的政治影響力，以及這次問對中的"内舉不避子"，也幫助堵之俞彌延續了堵氏自公孫閼以來的參政傳統，成爲文公時代的重要朝臣。

根據以上論述，兹將鄭國邊父、太伯一脉的世系列示如下：

	第一代	第二代	第三代	第四代	第五代
國君世系	鄭桓公	鄭武公	鄭莊公	鄭厲公	鄭文公
堵氏世系		公子吕（邊父）	公孫閼（子堵）	太伯	堵俞彌

第三節　《良臣》、《子產》中的
周之遺老與子產師、輔

清華簡《良臣》羅列了上古以至春秋列國列朝的股肱之臣，其中涉及鄭國的部分尤爲詳盡，其於鄭桓公云：

> 鄭桓公與周之遺老史伯、宦仲、虢叔、杜伯，後出邦。[1]

這其中的"史伯"，曾爲周宣王太史，在西周末年與桓公謀劃鄭國東遷，其問對見於《國語·鄭語》。"杜伯"亦是周宣王時臣，《國語·周語上》載"杜伯射王於鄗"[2]，與周王室的惡劣關係或許便是杜氏隨桓公逃離宗周的原因。春秋時期晉國有杜氏，《左傳》文公六年載晉文公夫人杜祁，杜注云："杜祁，杜伯之後祁姓也。"[3]可見杜伯的後人在晉國也有分支。

---

① 清華大學出土文獻研究與保護中心編，李學勤主編：《清華大學藏戰國竹簡（三）》，第 157 頁。
② 徐元誥：《國語集解》，第 538 頁。
③ 《春秋左傳正義》卷 19，《十三經注疏》，第 1844 頁。

　　“虢叔”，整理者疑其爲《國語·周語上》中的宣王卿士虢文公。實際上，鄭桓公東遷立鄭的過程中曾滅虢、鄶，在史伯的謀劃裏，還提到了“虢叔恃勢，鄶仲恃險”①。《左傳》隱公元年載鄭莊公語：“制，巖邑也，虢叔死焉。”②綜合來看，史伯與莊公口中的這位虢叔與鄭國的關係更爲密切，《良臣》裏的“虢叔”更可能是他而非虢文公。

　　“宦仲”，文獻未載，整理者也沒有給出意見。周飛先生曾根據《詩經》與金文的記載，指出其即宣王時期的重臣南仲③。但是以南仲在周王朝的顯赫地位，似乎不至於隨桓公“逃死”，而且“宦仲”與“南仲”在用字上也很難進行對應。現藏上海博物館的一件“仲宦父鼎”（《集成》02442），時代在西周晚期，其器主“仲宦父”，或許與簡文的“宦仲”有關④。

　　隨桓公東遷的“周之遺老”，應該還不止《良臣》所述之四人。清華簡《鄭文公問太伯》云：

　　　　昔吾先君桓公，後出自周，以車七乘，徒三十人，鼓其腹心，奮其股肱，以協於庸偶，攝冑擐甲，擭戈盾以造勳。

根據此篇的記載，桓公後出自周，從者有三十人。《左傳》昭公十六年載子產語：“昔吾先君桓公與商人皆出自周。”⑤是説桓公的東遷曾與商人同行。《左傳》莊公十四年原繁曰：“先君桓公，命我先人典司宗祏。”⑥原繁蓋出自周之原氏，原氏在春秋時期仍有原莊公、原襄公、原伯魯等人爲王朝卿士。在兩周之際鄭國東遷之時，原氏的一部分作爲“周之遺老”隨桓公東遷至鄭，爲鄭國“典司宗祏”，便有了原繁這一支。

　　在鄭桓公之後，《良臣》又歷數了鄭定公時期的良相，云：

---

① 徐元誥：《國語集解》，第 31 頁。
② 《春秋左傳正義》卷 2，《十三經注疏》，第 1715 頁。
③ 周飛：《清華簡〈良臣〉篇劄記》，清華大學出土文獻研究與保護中心網站，2013 年 1 月 8 日。
④ 羅小華先生告知其疑“宦仲”即“虢叔恃勢，鄶仲恃險”中的“鄶仲”，准此，則簡文便可與文獻有很好的對應。
⑤ 《春秋左傳正義》卷 47，《十三經注疏》，第 2080 頁。
⑥ 《春秋左傳正義》卷 9，《十三經注疏》，第 1771 頁。

鄭定公之相有子皮,有子產,有子大叔。

子產之師:王子伯願、肥仲、杜音、斷斤。

子產之輔:子羽、子刺、蔑明、卑登、富之彘、王子百。①

　　這其中最引人注目的當然就是子產及其師、輔。無獨有偶,清華簡的《子產》篇也詳細介紹了子產身邊的賢良,其文云:

　　　子產用尊老先生之俊,乃有桑丘仲文、杜𧪝、肥仲、王子伯願;乃設六輔:子羽、子刺、蔑明、卑登、佰之攴、王子百。

《子產》所記與《良臣》基本相同,僅有個別差異,爲方便觀覽,兹列表如下:

	《良臣》	《子產》
子產之師 (老先生之俊)	王子伯願	王子伯願
	肥仲	肥仲
	杜音	杜𧪝
	斷斤	
		桑丘仲文
子產之輔 (六輔)	子羽	子羽
	子刺	子刺
	蔑明	蔑明
	卑登	卑登
	富之彘	佰之攴
	王子百	王子百

　　我們先來看"子產之師",也就是"老先生之俊":

---

① 清華大學出土文獻研究與保護中心編,李學勤主編:《清華大學藏戰國竹簡(三)》,第158頁。

　　"王子伯願",《良臣》與《子產》均有之,但文獻卻失載。鄭國有王子氏,《左傳》載有王子伯廖與王子伯騈,特別是王子伯騈略早於子產爲政,有作爲子產之師的條件。"騈"在真部,"願"在元部,也存在通假的可能。

　　"瀫斤",整理者無説,周飛先生曾將第二字理解爲"罕"的異體,並推測此人爲子罕的兒子子展①。在此基礎上,袁金平先生又將第一字分析爲從"斤"得聲,讀之爲"渾罕"②。將渾罕説成子產之師,大致是合適的,《左傳》昭公四年載子產作丘賦,渾罕諫之曰:"政不率法,而制於心,民各有心,何上之有。"③儼然有師道。

　　《子產》中的"桑丘仲文",爲《良臣》所無。有學者認爲其可以與《良臣》的"瀫斤"對應,前者是"氏+字",後者是"字+名"④。但是無論從字形還是稱名習慣來看,這種趨同都很難成立,這裏的"桑丘仲文",應該是不同於"瀫斤"的另外一人。在這個人物名號中,"桑丘"乃以地爲氏。羅小華先生指出此爲《史記·魏世家》所載"伐齊,至桑丘"之桑丘,並引張守節正義云其在易州遂城⑤。然而此地距鄭國十分遙遠,似乎很難與子產建立聯繫。頗疑所謂"桑丘",乃是《左傳》習見的魯地"乘丘"。文獻中"桑丘"與"乘丘"經常混訛。如《史記·楚世家》載前400年三晉伐楚"至乘丘而還"⑥,《六國年表》以及《資治通鑒·周紀一》載同年魏、韓、趙伐楚則作"至桑丘"⑦。又如陰陽家有"桑丘子",今本《漢志》作"乘丘子",亦因二字形近所致。

① 周飛:《清華簡〈良臣〉篇劄記》,清華大學出土文獻研究與保護中心網站,2013年1月8日。
② 見袁金平先生在簡帛論壇"清華簡三《良臣》劄記"下的跟帖。
③ 《春秋左傳正義》卷42,《十三經注疏》,第2036頁。
④ 王寧:《清華簡〈良臣〉〈子產〉中子產師、輔人名雜識》,復旦大學出土文獻研究與保護中心網站,2016年6月27日。
⑤ 羅小華:《試論清華簡中的幾個人名》,簡帛網,2016年4月8日。
⑥ 《史記》卷40《楚世家》,第1720頁。
⑦ 《資治通鑒》卷1《周紀一》,北京:中華書局,1956年,第23頁。楊寬先生以爲"乘丘"並非楚地,進而推測方城附近當有"桑丘",爲三晉伐楚所至(説見楊寬:《戰國史》,第317頁;楊寬:《戰國史料編年輯證》,第217頁)。然而無論三晉所至爲魯地"乘丘"還是楊寬先生所説的楚地"桑丘",皆是"桑"與"乘"訛混之例。

如果"桑丘仲文"確如我們所説爲"乘丘仲文",那他就是個魯國人。大家可能會有疑問,子産身爲鄭國公孫,爲何要以魯國人爲師呢? 在我們看來,"子産之師"中的魯國人可能還不止一位。《良臣》篇的"杜嘗",在《子産》中寫作"杜嚅"。楚簡中以"嘗"或"嚅"爲聲符的字,一般都可以讀爲"逝"或"噬"。如清華簡《説命上》中"一豕乃旋保以適","適"讀"逝";郭店簡《老子》甲本中"瀏"字也用作"逝";清華簡《晉文公入於晉》中"命訟獄拘執釋適","適"字讀"折";上博簡《周易》中"嚅膚","嚅"據今本則讀"噬"。"逝"與"噬"是月部字,簡文的"嘗"疑可讀爲同屬月部的"泄"。"杜泄"見於《左傳》昭公四年、五年,乃魯叔孫氏宰,後爲季孫氏所惡而去魯,子産或曾在其出奔後問學於他。

至於"肥仲",《左傳》成公七年載有鄭大夫共仲,活動時代略早於子産,有成爲子産之師的可能。"共"蓋其族氏,"肥"或爲他的封邑,都可以作爲稱號的一部分冠在排行之前。就如莊公的弟弟叔段,初以封地號爲"京城大叔",後來奔衛後又可稱之爲"共叔段"。

較之"子産之師",《良臣》與《子産》中"子産之輔"的身份則要清晰得多:

"子羽",整理者指出即"行人子羽",也就是"公孫揮"。文獻中多有子羽輔佐子産治國理政的記載,如《左傳》襄公三十一年載:"鄭國將有諸侯之事,子産乃問四國之爲於子羽,且使多爲辭令;與裨諶乘以適野,使謀可否;而告馮簡子,使斷之;事成,乃授子大叔使行之,以應對賓客,是以鮮有敗事。"[1]《論語·憲問》亦云:"爲命,裨諶草創之,世叔討論之,行人子羽修飾之,東里子産潤色之。"[2]需要注意的是,鄭國另有穆公之子子羽,但是其人要比子産長一輩,而且在魯成公十三年就被殺了,因此不能爲子産之輔。

"卑登",即上引《左傳》、《論語》之文中的"裨諶"。"蔑明",一般認爲就是"鬷蔑",或稱"鬷明"、"然明"。裨諶常爲子産謀劃國事並起草政

---

① 《春秋左傳正義》卷40,《十三經注疏》,第2015頁。
② 《論語注疏》卷14,《十三經注疏》,第2510頁。

令,然明亦深得子產賞識。《左傳》襄公二十五年載子產在晉程鄭卒後召然明問對,然明的回答正中子產下懷,子產遂感歎到:"他日吾見蔑之面而已,今吾見其心矣。"①四年後,然明與裨諶論鄭國政局的走嚮,裨氏曰:"善之代不善,天命也,其焉辟子產?"②由是觀之,此二人在政治立場上是緊密擁護子產的。

《良臣》篇的"富之馭",在《子產》中寫作"佰之攴",二者僅是用字不同。③ 所謂"富之鞭",整理者認爲即是鄭大夫富子。《左傳》昭公十六年載富子諫殺大夫孔張,遭到子產怒斥。鄭國的富氏大概源自於周,周襄王時期王室還有大夫富辰。富子的先祖,可能也是隨鄭桓公東遷的"周之遺老"之一。

"王子百"史書未載,與作爲子產之師的"王子伯願"同爲王子氏,或許有密切的親緣關係。"子刺"同樣不見於文獻,王寧先生將其視作子大叔遊吉④,是忽視了《良臣》的"鄭定公之相"中已有"子大叔"。羅小華先生曾提出"子刺"或即公孫蠆,"刺"乃是"蠆"字的通假⑤。公孫蠆其人雖然在人物行跡方面與子產有較多交叉,然而先秦人名中這種"名上冠子字"的用例實在太少,難以令人信服。

雖然在文獻中難覓子刺之行蹤,但我們還是在青銅器銘文中找到有關此人的隻言片語。1988 年在湖北襄樊團山 M1 出土了四件春秋晚期的帶銘青銅器⑥,其中兩件鼎的銘文相同,拓本與寬式釋文如下:

唯正六月吉日唯己,余鄭莊公之孫,余刺之疫子,吾作鑄肆彝,以爲父母,其徙于下都,曰:嗚呼哀哉,刺叔刺夫人,萬世用之。

---

① 《春秋左傳正義》卷 36,《十三經注疏》,第 1986 頁。
② 《春秋左傳正義》卷 39,《十三經注疏》,第 2009 頁。
③ 詳見羅小華:《試論清華簡中的幾個人名》,簡帛網,2016 年 4 月 8 日。
④ 王寧:《清華簡六〈子產〉釋文校讀》,復旦大學出土文獻與保護中心網站,2016 年 7 月 4 日。
⑤ 羅小華:《清華簡(壹—三)所見人物名號相關問題研究》,博士後研究報告,清華大學,2015 年,第 131—133 頁。
⑥ 襄樊市博物館:《湖北襄陽團山東周墓》,《考古》1991 年第 9 期。

　　這組器的主人自稱"鄭莊公之孫",根據三代以下皆可稱孫的慣例,可知其爲生活在春秋晚期的莊公裔孫。由於團山墓地屬於楚墓,李學勤先生推測器主系鄭人而仕於楚者,也是很有道理的①。銘文又云"余剌之疢子","疢子"經胡長春先生讀爲"門子"②,意即族之宗子。"剌"字一般認爲是器主父親的名字或謚,讀爲"厲"。而我們更傾向於將其理解爲氏,或應讀"列"。所謂"余剌之疢子",就是説器主乃剌氏(列氏)的宗子。

---

① 李學勤:《鄭人金文兩種對讀》,《青銅器入門》,北京:商務印書館,2013 年,第 131 頁。馮峰先生最近撰文指出團山 M1 的墓主爲剌叔剌夫人,墓中出土的鼎、缶爲其子所作葬器(見馮峰:《鄭莊公之孫器新析——兼談襄陽團山 M1 的墓主》,《江漢考古》2014 年第 3 期),因此本書將墓主與器主區分開來,但稱"鄭莊公之孫器的器主"。
② 胡長春:《金文考釋二則》,張光裕、黃德寬主編:《古文字學論稿》,合肥:安徽大學出版社,2008 年,第 275—277 頁。

春秋戰國之際鄭國有列禦寇,時代略晚於器主,亦以"列"爲氏①。至於剌氏(列氏)的由來,或許就是子産之輔"子剌"的後人以祖字爲氏。如果子剌確爲銘文中剌氏的先祖,那他就應該與器主一樣,也是鄭莊公的後裔。

第四節　封子楚簠與《繫年》中的"子封子"

中國國家博物館新近入藏的一件封子楚簠②,由於銘文與鄭國歷史密切相關,甫一公布便引起了學界的廣泛關注。尤其是該器器主封子楚的身份,已有謝明文、黃錦前、張崇禮等多位先生撰寫專文進行討論③,雖各有所得,但仍有未安之處。

此簠器蓋同銘,爲方便討論,茲將其銘文寬式隸定於下:

> 唯正月初吉丁亥,封子楚,鄭武公之孫,楚王之士,擇其吉金,自作飤簠,用會嘉賓、大夫及我朋友。赫赫弗楚,🔲之元子,受命于天,萬世不改。其眉壽無期,子子孫孫永保用之。

在銘文中,器主封子楚自稱"鄭武公之孫,楚王之士",知其爲鄭國武公的後裔而宦遊於楚。被認爲與器主身份有關的,還有"赫赫弗楚,🔲之元子"一句。"🔲"字諸家均釋爲"剌"。根據這條線索,謝明文先生與黃錦前先生都將其與前揭湖北襄樊團山 M1 的鄭莊公之孫器聯繫起來。

---

① 上引王寧先生《清華簡〈良臣〉〈子産〉中子産師、輔人名雜識》一文,已將列禦寇與"子剌"聯繫起來,惜未深究。
② 中國國家博物館、中國書法家協會:《中國國家博物館典藏甲骨文金文集粹》,合肥:安徽美術出版社,2015 年,第 302—306 頁。
③ 謝雨田(謝明文):《封子楚簠小考》,復旦大學出土文獻研究與保護中心網站,2016 年 1 月 13 日(此文後刊發於《出土文獻綜合研究集刊》第 10 輯,成都:巴蜀書社,2020 年);黃錦前:《鄭人金文兩種讀釋》,復旦大學出土文獻研究與保護中心網站,2016 年 1 月 14 日;張崇禮:《封子楚簠銘文補釋》,復旦大學出土文獻研究與保護中心網站,2016 年 1 月 15 日。引用各家意見均出於此,下文不再備注。

　　鄭莊公之孫鼎銘中的"剌之疢子"即"剌之門子",與封子楚簠的"剌之元子"大意相同,確實很容易將之趨同。但是把二者視爲一人或兄弟輩,存在著兩方面的問題。首先是封子楚自稱爲"鄭武公之孫",而鄭莊公之孫器的器主自謂"鄭莊公之孫",雖然這裏的"孫"都已經是三代以後的裔孫,但他們一個是"武族"一個是"莊族",按照古人追述祖先的習慣,應該分屬不同的分支,不太可能是同一人①。再者是如果把"赫赫弔楚,

———————————

① 類似格式的青銅器銘文中,對遠祖的追述一般都限於器主所屬小宗分宗前的最後一位大宗,即所謂"焦點祖先"。"鄭莊公之孫"從血緣關係上來講當然是"鄭武公之孫",根本無需贅言。自謂"鄭莊公之孫",是爲了強調自己相比其他更早分宗的鄭武公後裔,與鄭國公室的關係更爲密切。

刺之元子"理解爲封子楚的自稱,他的排行既已是"弔(叔)",又怎能稱
"元子"呢? 黃錦前先生雖將"元"解釋爲"吉、善",但無論是古書還是金
文中,"元子"不用作"長子"的例子都是絶少的。而且,這句話後面緊跟
的是"受命于天,萬事不改",如果是封子楚的自稱,很難想象僅爲"楚王
之士"的他敢言受天之命。因此,我們認爲封子楚與鄭莊公之孫器的器主
很難存在太緊密的聯繫。

　　在謝明文先生《封子楚簠小考》文下的評論中,黃傑先生提出一種看
法,即"刺"當讀"厲","厲之元子"即鄭國厲公的長子。黃先生此說産生
了一定的影響,此後還有學者專門從音韻角度探討了鄭厲公長子鄭文公
之名"捷"與封子楚的"楚"相通的可能性①。但是把封子楚視作鄭文公,
也無法擺脱元子不能稱"叔"的羈絆。更何況無論是封子楚簠還是鄭莊
公之孫器,從器型上看都絶不會早到鄭文公之時。

　　通過上述分析我們可以得知,將"弔楚"理解爲封子楚之另稱,
並把"[字]"視作封子楚之父,會對此句的通讀造成很大的障礙。"赫赫弔楚,
[字]之元子"這句話,或可試作别解。大家都知道,"弔"在金文中除了通
"叔"外,亦常可讀爲"淑"。"淑"在文獻中有嘉美之意,這裏的"赫赫淑
楚",猶"赫赫宗周"之謂,意思就是"赫赫大楚"。

　　至於"[字]之元子","[字]"字謝明文先生已經指出爲"刺"左邊所從,
釋爲"刺"自然没有太大問題。但是"刺"字左邊所從的"朿",金文中常可
與"束"字混用②。如班簋(《集成》04341)與師虎簋(《集成》04316)的
"刺"字分別寫作"[字]"與"[字]",左部顯然是從"束"的。基於"朿"與
"束"的密切關係,我們頗疑銘文的"[字]"原爲"束"字③,所謂"[字]之元子"
即"束之元子"。而這裏的"束",指的是戰國初期楚國的國君楚簡王④。

①　見前揭張崇禮先生文以及孟蓬生先生於文後的評論。
②　詳見程浩:《釋甲骨文中的"束"字》,《出土文獻研究》第18輯,上海: 中西書局,2019年,第
　　36—42頁。
③　此爲蓋銘,有學者以爲器銘中此字從刀,然細審其銘,所謂的刀旁或許只是"束"的部件。
④　君王單稱其謚,古書多有用例。《左傳》定公四年:"曹,文之昭也;晉,武之穆也。"《國語·晉
　　語四》:"康叔,文之昭也;唐叔,武之穆也。"

“柬”爲簡王謚號的異寫,在上博簡《柬大王泊旱》中,楚簡王即寫作“柬大王”①。而“柬之元子”,當然就是繼簡王得立的楚聲王。把封子楚簠視作楚聲王時期的器物,與其形制也較爲相符。該器直口折腹,斜壁坦底,通體飾蟠虺紋,一般將其定在春秋晚期。但是淅川徐家嶺 M9 與和尚嶺 M4 出土的幾件戰國前期楚系簠,器型與之極爲相近,因而這件封子楚簠出現在戰國初期的楚國也是有可能的。

如果此説可以成立,那么封子楚簠銘文中的“赫赫淑楚,柬之元子,受命于天,萬世不改”這句話就不再是器主的自我誇贊,而是對其國君楚聲王的頌揚。封子楚稱其君聲王以簡王元子的身份繼承赫赫楚國,並受上天之萬世不改之命,推測或與楚國此時先君去世、新君即位有關。

既然作器的時代背景業已明晰,那么封子楚其人究竟是誰呢? 對於“封子楚”這個名號,謝明文先生將“封”理解爲國族名,這大概由於誤以爲封子楚“受天之命”而強爲之解。黃錦前先生則認爲“封”爲氏,即鄭國“七穆”之一的“丰氏”。然而丰氏出自鄭穆公,若封子楚爲其後人,當自稱“鄭穆公之孫”而非銘文中的“鄭武公之孫”。黃先生的這則誤會,亦是由於不熟悉古人稱述祖先的習慣所致。

① 馬承源主編:《上海博物館藏戰國楚竹書(四)》,上海:上海古籍出版社,2004 年,第 195 頁。

在我們看來,作爲鄭武公之孫、楚聲王之士的"封子楚",或可與清華簡《繫年》中的"子封子"聯繫起來。《繫年》第二十三章云:

> 明歲,郎莊平君率師侵鄭,鄭皇子、子馬、子池、子封子率師以禦楚人,楚人涉氾,將與之戰,鄭師遂入於蔑。楚師圍之於蔑,盡降鄭師與其四將軍以歸於郢。鄭太宰欣亦起禍於鄭,鄭子陽用滅,無後於鄭。明歲,楚人歸鄭之四將軍與其萬民於鄭。

《繫年》中的"封"字寫作"![字形]",簠銘中寫作"![字形]",二字均從"丰"從"土",字形結構完全相同。時代方面,簠銘中封子楚爲楚聲王之士,《繫年》中的子封子則出現在楚悼王三年。考慮到楚聲王在位僅六年便由其子悼王即位,二者可以説是非常接近的。至於"封子楚"與"子封子"這兩個稱號,也有著内在的聯繫。"子封子"中"封子"是其字,"楚"或爲其名,"封子楚"乃是一種"字+名"的稱法。比如宋國的大司馬孔父,名"嘉"字"孔父",《左傳》即稱其爲"孔父嘉",稱名方式與"封子楚"相同。

有的讀者或許會有疑問,簠銘中講封子楚仕於楚國,爲什麼在《繫年》裏又作爲鄭國四將軍之一"率師以禦楚人"了呢?我們認爲這或許與楚聲王死後楚國的内亂有關。《史記·楚世家》載:"聲王六年,盜殺聲王,子悼王熊疑立。"楚聲王在位僅六年即被盜殺,或許並不僅僅是一場意外,而應該是君位爭奪的結果。《六國年表》此時有"王子定奔晉",過去皆以爲其是周王子,現據《繫年》可知實爲楚王之子。《繫年》第二十三章記載鄭國與楚國的這次大戰,其前因就是"晉與鄭師以入王子定"。楚聲王死後,王子定在晉、鄭的支持下與悼王爭楚君之位。封子楚在這場爭位中選擇了支持親附鄭國的王子定,事敗後只能出奔母國。而在楚國起師報復鄭國時,由於封子楚熟悉楚國的情況,便被選作了抵禦楚師的將領。

結　語
鄭國歷史發展的幾個特點

　　晁福林先生曾在《論鄭國的政治發展及其歷史特徵》①一文中對鄭國歷史發展的特點以及政治興衰的動因進行了分析,其中的大部分均可由新出的材料所印證。在本書行將結束之時,我們也試著對前文所述稍加總結,以續其貂。

　　第一,鄭國自初封以至滅國,始終與周王室保持著密切關係。鄭國在諸侯國中立國最晚,其始封君桓公爲宣王之弟,從宗親關係上與王室也最爲親近。在兩周之際的那場變亂中,先於王室完成東遷的鄭武公"扞平王於艱",並"處衛三年"夾輔周室,拱衛了新建立的東周王朝在成周的統治。鄭國由於襄助平王東遷之功,世爲王朝卿士,有著"挾天子以令諸侯"的地位。後來莊公與虢公爭卿位,並傷王於繻葛,這之後周鄭雖有嫌隙,但交往仍然密切。厲公時期,鄭國曾定王子頹之亂,幫助周惠王復位。此後周有王子帶之亂,周襄王出奔鄭,鄭人又居王於氾。鄭定公時期的王子朝之亂,也是鄭國最先提倡出兵勤王。鄭國之所以屢次介入周王室的動亂,鄭人已道出其因,謂:"王室而既卑矣,周之子孫日失其序。"②周鄭無論是地緣還是血緣都十分相近,是命運與共的關係,因而鄭國一直將扶助王室視爲己任。

　　第二,鄭國圍繞著君位爭奪展開的鬥爭異常激烈。鄭國在第二任國

---

① 晁福林:《論鄭國的政治發展及其歷史特徵》,《南都學壇(社會科學版)》1992年第3期。
② 鄭莊公語,見《左傳》隱公十一年。

君武公死後,就發生了莊公與叔段的争位。莊公之後,更是陷入了持續數十年的昭厲之亂。此後的鄭靈公、鄭君繻、鄭僖公、鄭哀公、鄭繻公等,皆因君位争奪而遭弑殺,足見鬥争形勢之複雜。這種情況集中發生在鄭國,當然是由公室成員貪冒、權臣擅權等原因所致,但春秋時期"社稷無常奉,君臣無常位"的歷史背景也不容忽略。

第三,鄭國在行政中有良臣執政的傳統,其中又尤其重視發揮同姓貴族的力量。根據清華簡記載,跟隨桓公東遷的有"徒三十人"。這些"周之遺老"以及他們的後人,在鄭國初期的政治發展中起到了重要作用。這其中史伯爲鄭國謀劃了整個東遷立國的過程,祭仲做鄭國執政數十年,原繁等在莊公及昭厲間也都是鄭卿。在《鄭武夫人規孺子》中,武姜還特別提到了在武公"處衛三年"之時,如果沒有良臣的輔佐,則"邦家亂矣"。

鄭國卿大夫的一個顯著特點是主要來源於公室貴族。早期的名臣中公子吕、公子語、叔詹等都是國君之子。祭仲爲姬姓,可能源自祭公一脉;原繁被厲公呼爲"伯父",則至少也是同姓。其他出自周王室的杜氏、富氏、王子氏等族,也都是鄭的同姓。這種以同姓貴族執政的特點保障了鄭國在春秋前期的快速發展,但是到春秋中後期"七穆"作爲世卿擅權的局面形成之後,鄭國也不可避免地落入了"政由大夫出"的歷史趨勢中。

第四,鄭國在外交方面一貫采用靈活多變的政策方針。在經歷了昭厲之亂後,鄭國國力嚴重下滑,只能介居秦晉齊楚等國之間騎牆觀望。城濮之戰前,鄭國先背齊事楚,楚國敗後又依附於晉。嗣後秦晉圍鄭,鄭國"降秦不降晉",導致秦晉決裂,秦敗於崤,與楚結盟,退出了争霸的舞臺。晉楚争霸時期,鄭國夾居二者之間,忽晉忽楚而首鼠兩端。鄭國這種"唯強是從"的外交政策,雖不能使其免於兵禍,但也在一定程度上影響了當時的國際關係,並保全了鄭國社稷延綿至戰國。

戰國前期,鄭國面臨著強楚以及新崛起的三晉之圍剿,在最後的百年間仍作出了殊死抵抗。鄭繻公雖被迫參與了三晉封侯的獻俘之會,但並未真正依附。楚聲王之時,鄭與秦楚相盟,有效地阻止了三晉稱霸中原的謀略。楚聲王死後,鄭國又乘機敗楚師於桂陵,取回了戰略要地榆關。也正因由此,鄭國招致了楚國的報復而遭受重創。此後鄭繻公死於國內的子陽之亂,導致國勢急轉直下。鄭康公即位後鄭國被韓魏蠶食,終於退出了歷史舞臺。過去的學者都批評鄭國"恃魏輕韓"的外交政策導致滅亡,但結合新材料來看,鄭國直至滅國仍舊秉承著"與其來者"的方針,没有真正依附一國。鄭國之亡,乃是由於世卿互相傾軋的内部鬥争以及弱肉強食的天下大勢所致。

參 考 文 獻

B

白國紅:《〈春秋〉"鄭伯克段於鄢"史事新論——以共叔段爲中心的考察》,《歷史教學（下半月刊）》2020 年第 2 期。

白國紅:《鄭國東遷肇始時間考》,《中原文化研究》2020 年第 4 期。

C

《春秋左傳正義》,《十三經注疏》,北京：中華書局,1980 年。

晁福林:《論平王東遷》,《歷史研究》1991 年第 6 期。

晁福林:《霸權迭興——春秋霸主論》,北京：三聯書店,1992 年。

晁福林:《論鄭國的政治發展及其歷史特徵》,《南都學壇(社會科學版)》1992 年第 3 期。

晁福林:《論周代卿權》,《中國社會科學》1993 年第 6 期。

晁福林:《春秋戰國的社會變遷》,北京：商務印書館,2011 年。

晁福林:《英雄氣短：春秋初期社會觀念變遷之一例——上博簡〈詩論〉第 29 號簡補釋》,《史學月刊》2011 年第 4 期。

晁福林:《談清華簡〈鄭武夫人規孺子〉的史料價值》,《清華大學學報(哲學社會科學版)》2017 年第 3 期。

陳斯鵬、石小力、蘇清芳:《新見金文字編》,福州：福建人民出版社,2012 年。

陳偉:《〈鄭子家喪〉通釋》,簡帛網,2009 年 1 月 10 日。

程浩:《釋甲骨文中的"柬"字》,《出土文獻研究》第 18 輯,上海：中西書局,2019 年。

程平山:《秦襄公、文公年代事跡考》,《歷史研究》2013 年第 5 期。

程平山:《唐叔虞至晉武公年代事跡考》,《文史》2015 年第 3 期。

D

代生、張少筠:《清華簡〈繫年〉所見鄭國史初探》,《中南大學學報(社會科學版)》2015

年第 3 期。

代生：《新出文獻中鄭莊公的"弱者"形象》,《中國社會科學報》2017 年 9 月 5 日。

代生：《清華簡(六)鄭國史類文獻初探》,《济南大學學報(社会科學版)》,2018 年第
　1 期。

鄧國軍：《春秋時期鄭國氏族流變考》,《安陽師範學院學報》2014 年第 3 期。

F

方詩銘、王修齡：《古本竹書紀年輯證》,上海：上海古籍出版社,2005 年。

馮景：《解春集文鈔附補遺》,《叢書集成初編》2492,上海：商務印書館,1935 年。

G

高士奇：《春秋紀事本末》,北京：中華書局,2015 年。

高誘注：《吕氏春秋》,上海：上海書店出版社,1986 年。

顧棟高：《春秋大事表》,北京：中華書局,1993 年。

顧萬發：《鄭州祭城鎮古城考古發現及相關問題初步研究》,《華夏考古》2015 年第
　3 期。

顧炎武著,陳垣校注：《日知錄校注》,合肥：安徽大學出版社,2007 年。

郭克煜：《魯國史》,北京：人民出版社,1994 年。

郭沫若：《殷周青銅器銘文研究》,北京：科學出版社,1961 年。

H

《漢書》,北京：中華書局,1962 年。

《淮南子》,北京：中華書局,1954 年。

韓席：《春秋左傳分國集注》,南京：江蘇人民出版社,1963 年。

韓益民：《"鄭伯克段於鄢"地理考》,《北京師範大學學報(社會科學版)》2006 年第
　4 期。

河南省文物考古研究院：《新鄭郜樓兩周墓地》,上海：上海古籍出版社,2020 年。

胡安國：《春秋傳》,長沙：嶽麓書社,2011 年。

胡長春：《金文考釋二則》,張光裕、黃德寬主編：《古文字學論稿》,合肥：安徽大學出
　版社,2008 年。

華東師範大學中文系戰國簡讀書小組：《讀〈清華大學藏戰國竹簡(貳)·繫年〉書後
　(二)》,簡帛網,2011 年 12 月 30 日。

黃懷信、張懋鎔、田旭東：《逸周書彙校集注》,上海：上海古籍出版社,2007 年。

黃錦前:《鄭人金文兩種讀釋》,復旦大學出土文獻研究與保護中心網站,2016 年 1 月
　　14 日。

J

季本:《春秋私考》,中國國家圖書館編:《原國立北平圖書館甲庫善本叢書》第 25 冊,
　　北京:國家圖書館出版社,2013 年。

賈連翔:《清華簡〈鄭武夫人規孺子〉篇的再編連與復原》,《文獻》2018 年第 3 期。

江永:《春秋地理考實》,賈貴榮、宋志英輯:《春秋戰國史研究文獻叢刊》第 4 冊,北
　　京:國家圖書館出版社,2009 年。

L

《禮記正義》,《十三經注疏》,北京:中華書局,1980 年。

李峰:《西周金文中的鄭地和鄭國東遷》,《文物》2006 年第 9 期。

李峰:《西周的滅亡》,上海:上海古籍出版社,2007 年。

李零:《讀簡筆記:清華簡〈繫年〉第一至四章》,《吉林大學社會科學學報》2016 年第
　　4 期。

李孟存、常金倉:《晉國史綱要》,太原:山西人民出版社,1989 年。

李銳:《由清華簡〈繫年〉談戰國初楚史年代的問題》,《史學史研究》2013 年第 2 期。

李勝振:《晉楚霸業之爭與鄭國、宋國的悲劇》,碩士學位論文,陝西師範大學,
　　2006 年。

李守奎:《〈鄭武夫人規孺子〉中的喪禮用語與相關的禮制問題》,《中國史研究》2016
　　年第 1 期。

李守奎:《楚文獻中的教育與清華簡〈繫年〉性質初探》,復旦大學出土文獻與古文字
　　研究中心編:《出土文獻與古文字研究》第 6 輯,上海:上海古籍出版社,2015 年。

李未然:《兩周鄭國青銅器銘文匯考》,碩士學位論文,天津師範大學,2016 年。

李學勤:《先秦人名的幾個問題》,《歷史研究》1991 年第 5 期。

李學勤:《夏商周年代學劄記》,沈陽:遼寧大學出版社,1999 年。

李學勤:《中國古代文明研究》,上海:華東師範大學出版社,2009 年。

李學勤:《清華簡〈繫年〉及有關古史問題》,《文物》2011 年第 3 期。

李學勤:《由清華簡〈繫年〉論〈文侯之命〉》,《揚州大學學報(人文社會科學版)》2013
　　年第 2 期。

李學勤:《青銅器入門》,北京:商務印書館,2013 年。

李學勤:《由〈繫年〉第二章論鄭國初年史事》,《湖南大學學報(社會科學版)》2014 年

第 4 期。

李學勤:《有關春秋史事的清華簡五種綜述》,《文物》2016 年第 3 期。

李玉潔:《楚史稿》,開封:河南大學出版社,1988 年。

李玉潔:《鄭國的都城與疆域》,《中州學刊》2005 年第 6 期。

梁啟超:《中國歷史研究法(外二種)》,石家莊:河北教育出版社,2000 年。

梁霞:《春秋時期鄭國外交研究》,碩士學位論文,山東大學,2009 年。

劉光:《清華簡〈鄭文公問太伯〉所見鄭國初年史事研究》,《山西檔案》2016 年第 6 期。

劉國忠:《從清華簡〈繫年〉看周平王東遷的相關史實》,陳致主編:《簡帛·經典·古史》,上海:上海古籍出版社,2013 年。

劉麗:《出土文獻所見鄭國婚姻關係探討》,李學勤主編:《出土文獻》第 6 輯,上海:中西書局,2015 年。

劉文淇:《春秋左氏傳舊注疏證》,北京:科學出版社,1959 年。

劉熙:《釋名》,北京:中華書局,2016 年。

劉源:《"五等爵"制與殷周貴族政治體系》,《歷史研究》2014 年第 1 期。

劉志玲:《論春秋時期鄭國的外交政策》,《鄂州大學學報》2002 年第 4 期。

羅小華:《清華簡(壹—三)所見人物名號相關問題研究》,博士後研究報告,清華大學,2015 年。

羅小華:《試論清華簡中的幾個人名》,簡帛網,2016 年 4 月 8 日。

羅運環:《清華簡〈繫年〉楚文王史事考論》,清華大學出土文獻研究與保護中心編:《出土文獻與中國古代文明——李學勤先生八十壽誕紀念論文集》,上海:中西書局,2016 年。

M

《毛詩正義》,《十三經注疏》,北京:中華書局,1980 年。

馬承源主編:《上海博物館藏戰國楚竹書(一)》,上海:上海古籍出版社,2001 年。

馬承源主編:《上海博物館藏戰國楚竹書(四)》,上海:上海古籍出版社,2004 年。

馬承源主編:《上海博物館藏戰國楚竹書(七)》,上海:上海古籍出版社,2008 年。

馬楠:《〈鄭文公問太伯〉與鄭國早期史事》,《文物》2016 年第 2 期。

馬衛東:《清華簡〈繫年〉與鄭子陽之難新探》,《古代文明》2014 年第 2 期。

Q

清華大學出土文獻讀書會:《清華六整理報告補正》,清華大學出土文獻研究與保護中心網站,2016 年 4 月 16 日。

清華大學出土文獻研究與保護中心編,李學勤主編:《清華大學藏戰國竹簡(貳)》,上
　海:中西書局,2011 年。

清華大學出土文獻研究與保護中心編,李學勤主編:《清華大學藏戰國竹簡(三)》,上
　海:中西書局,2012 年。

清華大學出土文獻研究與保護中心編,李學勤主編:《清華大學藏戰國竹簡(陸)》,上
　海:中西書局,2016 年。

清華大學出土文獻研究與保護中心編,李學勤主編:《清華大學藏戰國竹簡(柒)》,上
　海:中西書局,2017 年。

屈會濤:《春秋時代的卿族政治》,博士學位論文,華東師範大學,2014 年。

R

任中峰:《春秋時期鄭國的國際會盟策略》,《鹽城師範學院學報(人文社會科學版)》
　2016 年第 2 期。

S

《尚書正義》,《十三經注疏》,北京:中華書局,1980 年。

《史記》,北京:中華書局,1959 年。

邵蓓:《春秋諸侯的殯期》,《中國史研究》2005 年第 4 期。

邵炳軍:《兩周之際三次"二王並立"史實索隱》,《社會科學戰線》2001 年第 2 期。

沈長云:《鄭桓公未死幽王之難考》,《文史》第 43 輯,北京:中華書局,1997 年。

沈長云等:《趙國史稿》,北京:中華書局,2000 年。

宋傑:《春秋時期的諸侯爭鄭》,《首都師範大學學報(社科版)》1996 年第 6 期。

蘇勇:《周代鄭國史研究》,博士學位論文,吉林大學古籍研究所,2010 年。

孫飛燕:《試談〈繫年〉中厥貉之會與晉吳伐楚的紀年》,復旦大學出土文獻與古文字
　研究中心網站,2012 年 3 月 31 日。

孫稚雛:《驫羌鐘銘文匯釋》,《古文字研究》第 19 輯,北京:中華書局,1992 年。

T

湯威:《登封袁窯鄭國春秋墓有銘銅器拾遺》,鄒芙都主編:《商周金文與先秦史研究
　論叢》,北京:科學出版社,2019 年。

童書業:《春秋左傳研究》,北京:中華書局,2006 年。

童書業:《春秋史》,上海:上海古籍出版社,2010 年。

W

王夫之：《讀通鑒論》，北京：中華書局，1975 年。

王閣森、唐致卿主編：《齊國史》，濟南：山東人民出版社，1992 年。

王國維：《觀堂集林》，北京：中華書局，1959 年。

王國維：《王國維遺書》，上海：上海古籍書店，1983 年。

王和：《論〈左傳〉預言》，《史學月刊》1984 年第 6 期。

王和：《〈左傳〉的成書年代與編纂過程》，《中國史研究》2003 年第 4 期。

王紅亮：《清華簡〈繫年〉中周平王東遷的相關年代考》，《史學史研究》2012 年第 4 期。

王紅亮：《據〈清華簡〉證〈左傳〉一則》，復旦大學出土文獻與古文字研究中心網站，2013 年 4 月 23 日。

王暉：《春秋早期周王室王位世系變局考異》，《人文雜志》2013 年第 5 期。

王雷生：《平王東遷年代新探》，《人文雜志》1997 年第 3 期。

王利器：《呂氏春秋注疏》，成都：巴蜀書社，2002 年。

王寧：《"彔子聖"之名臆解》，復旦大學出土文獻與古文字研究中心網站，2014 年 6 月 4 日。

王寧：《清華簡六〈鄭武夫人規孺子〉寬式文本校讀》，復旦大學出土文獻與古文字研究中心網站，2016 年 5 月 1 日。

王寧：《清華簡六〈鄭文公問太伯〉之"太伯"爲"泄伯"説》，簡帛網，2016 年 5 月 8 日。

王寧：《清華簡〈良臣〉〈子產〉中子產師、輔人名雜識》，復旦大學出土文獻研究與保護中心網站，2016 年 6 月 27 日。

王寧：《清華簡六〈子產〉釋文校讀》，復旦大學出土文獻研究與保護中心網站，2016 年 7 月 4 日。

王先慎：《韓非子集解》，北京：中華書局，1998 年。

王引之：《春秋名字解詁》，賈貴榮、宋志英輯：《春秋戰國史研究文獻叢刊》第 2 册，北京：國家圖書館出版社，2009 年。

魏棟：《清華簡〈繫年〉"周亡王九年"及相關問題新探》，復旦大學出土文獻與古文字研究中心網站，2012 年 7 月 3 日。

吳曾祺：《左傳菁華録》，上海：商務印書館，1935 年。

吳柱：《春秋諸侯喪禮殯期問題新探》，《文史》2016 年第 4 期。

X

襄樊市博物館：《湖北襄陽團山東周墓》，《考古》1991 年第 9 期。

蕭統編，李善注：《文選》，上海：上海古籍出版社，1986 年。

謝雨田(謝明文):《封子楚簠小考》,復旦大學出土文獻研究與保護中心網站,2016 年
　　1 月 13 日;《出土文獻綜合研究集刊》第 10 輯,成都:巴蜀書社,2020 年。

熊棟梁:《鄭國東遷歷史地理研究》,碩士學位論文,湖北省社會科學院,2016 年。

徐少華:《"平王走(奔)西申"及相關史地考論》,《歷史研究》2015 年第 2 期。

徐少華:《清華簡〈繫年〉"周亡(無)王九年"淺議》,《吉林大學社會科學學報》2016 年
　　第 4 期。

徐元誥:《國語集解》,北京:中華書局,2002 年。

徐中舒:《先秦史論稿》,成都:巴蜀書社,1992 年。

許兆昌:《〈繫年〉、〈春秋〉、〈竹書紀年〉的歷史敘事》,上海:中西書局,2015 年。

Y

《儀禮注疏》,《十三經注疏》,北京:中華書局,1980 年。

楊伯峻:《春秋左傳注》,北京:中華書局,2009 年。

楊寬:《西周史》,上海:上海人民出版社,2003 年。

楊寬:《戰國史》,上海:上海人民出版社,2016 年。

楊寬:《戰國史料編年輯證》,上海:上海人民出版社,2016 年。

尉侯凱:《清華簡六〈鄭武夫人規孺子〉編聯獻疑》,武漢大學簡帛網,2016 年 6 月
　　9 日。

尉侯凱:《讀清華簡六劄記(五則)》,李學勤主編:《出土文獻》第 10 輯,上海:中西書
　　局,2017 年。

于省吾:《"鄂君啓節"考釋》,《考古》1963 年第 8 期。

俞樾:《春秋名字解詁補義》,賈貴榮、宋志英輯:《春秋戰國史研究文獻叢刊》第 2 册,
　　北京:國家圖書館出版社,2009 年。

袁金平:《由清華簡〈繫年〉"子馭壽"談先秦人名冠"子"之例》,李守奎主編:《清華簡
　　〈繫年〉與古史新探》,上海:中西書局,2016 年。

Z

《戰國策》,濟南:齊魯書社,2005 年。

《周禮注疏》,《十三經注疏》,北京:中華書局,1980 年。

《資治通鑒》,北京:中華書局,1956 年。

張崇禮:《封子楚簠銘文補釋》,復旦大學出土文獻研究與保護中心網站,2016 年 1 月
　　15 日。

張莉:《登封告成春秋鄭國貴族墓研究》,《中國歷史文物》2007 年第 5 期。

張文庫：《北門齊秦，南戰荆楚——清華簡〈繫年〉所見晉國史事研究》，碩士學位論文，西南大學，2016 年。

張亞初、劉雨：《西周金文官制研究》，北京：中華書局，1986 年。

張以仁：《春秋史論集》，臺北：聯經出版事業公司，1990 年。

章太炎：《春秋左傳讀》，《章太炎全集》，上海：上海人民出版社，1982 年。

鄭州市文物考古研究所、登封市文物局：《河南登封告成東周墓地三號墓》，《文物》2006 年第 4 期。

中國國家博物館、中國書法家協會：《中國國家博物館典藏甲骨文金文集粹》，合肥：安徽美術出版社，2015 年。

中國社會科學院考古研究所編：《殷周金文集成》（修訂增補本），北京：中華書局，2007 年。

周飛：《清華簡〈良臣〉篇劄記》，清華大學出土文獻研究與保護中心網站，2013 年 1 月 8 日。

子居：《清華簡〈繫年〉1—4 章解析》，清華大學簡帛研究，2012 年 1 月 6 日。

子居：《清華簡〈鄭武夫人規孺子〉解析》，中國先秦史網，2016 年 6 月 7 日。

作者發表的與本書相關的論文

[1]《從"逃死"到"扞艱"：新史料所見兩周之際的鄭國》，《歷史教學問題》2018 年第 4 期。（爲本書第一章）

[2]《"孝子不匱"還是"雄鷙多智"——新史料所見鄭武夫人與鄭莊公事考論》，牛鵬濤、蘇輝編：《中國古代文明研究論集》，北京：科學出版社，2018 年。（爲本書第二章）

[3]《牢鼠不能同穴：基於新出土文獻的鄭國昭厲之亂再考察》，《史林》2019 年第 3 期。（爲本書第三章）

[4]《居大國之間而從於強令：新史料所見大國爭霸中的鄭國外交》，鄒芙都主編：《商周金文與先秦史研究論叢》，北京：科學出版社，2019 年。（爲本書第四章）

[5]《困獸猶鬥：新史料所見戰國前期的鄭國》，《殷都學刊》2018 年第 1 期。（爲本書第五章）

[6]《清華簡新見鄭國人物考略》，《文獻》2020 年第 1 期。（爲本書第六章第一至三節）

後　記

　　這本小書脫胎於我在 2017 年向清華大學人文學院博士後流動站提交的出站報告。在站期間,此項研究獲得了中國博士後科學基金第九批特別資助"出土文獻與鄭國史新探"(2016T90079)以及第 58 批面上資助(一等)"清華簡《鄭文公問太伯》綜合研究"(2015M580080)的支持。在博士後工作期間,我還有幸入選了清華大學博士後支持計劃,作爲新一輪博士後制度改革的受益者,獲得了諸多優越條件。此外,該課題的研究還得到出土文獻與中國古代文明研究協同創新中心"拔尖人才培養計劃"以及清華大學自主科研計劃文科專項的資助。以上這些支持,使得本應清苦的學術研究生活竟顯得十分寬裕。

　　合作導師廖名春教授,對我在博士後期間的工作與生活都給予了最大限度的關心與幫助。出土文獻中心的各位老師與諸學友,也經常對我鼓勵與提攜。在此謹致謝忱。

　　在選題與寫作過程中,我的博士導師李學勤先生在身體欠安的情況下仍然對我進行了悉心指導。小書此番得以收入李先生主編的"出土文獻與中國古代文明研究叢書",還要感謝趙平安老師的慨允以及上海古籍出版社徐卓聰、王鶴編輯的出色工作。實際上,早在對小書進行構思與擬題之時,我就有過將其納入李先生這套叢書的暢想,誰承想書未付梓,先生已徙於幽都。先生歸去,遺我哀思,好在仍然有機會用這種方式進行永遠地懷念。

　　本書的大部分章節,此前都已經在學術刊物與論文集中先行發表。此番出版,也沒有經過大規模的改動。因此,小書所體現的基本上仍是先前的認識水平。最近幾年中,由於忙於清華簡後續篇目的整理工作,我没有繼續在這個領域再下功夫。但令人欣慰的是,清華大學的博士生劉思源、張欣毓等都選擇了鄭國史作爲自己的學位論文選題,希望她們可以做得更深、更好!

2020 年 12 月 31 日

圖書在版編目（CIP）數據

出土文獻與鄭國史新探／程浩著. —上海：上海
古籍出版社，2021.12
（出土文獻與中國古代文明研究叢書）
ISBN 978-7-5732-0222-2

Ⅰ.①出… Ⅱ.①程… Ⅲ.①出土文物—文獻—研究
—中國—春秋戰國時代②中國歷史—春秋戰國時代 Ⅳ.
①K877.04②K225

中國版本圖書館 CIP 數據核字（2021）第 276156 號

出土文獻與中國古代文明研究叢書
出土文獻與鄭國史新探

程　浩　著

上海古籍出版社出版發行
（上海市閔行區號景路 159 弄 1-5 號 A 座 5F　郵政編碼 201101）
（1）網址：www.guji.com.cn
（2）E-mail：guji1@guji.com.cn
（3）易文網網址：www.ewen.co

印刷　常熟新驊印刷有限公司
開本　710×1000　1/16
印張　8.25　插頁 2　字數 115,000
版次　2021 年 12 月第 1 版
　　　2021 年 12 月第 1 次印刷
印數　1—2,300
書號　ISBN 978-7-5732-0222-2/K·3127
定價　42.00 元

如有質量問題,請與承印公司聯繫